DESESPERO E FLAGELO HUMANO

parêmias da cracolândia

DESESPERO E FLAGELO HUMANO
parêmias da cracolândia

Valdemar Augusto Angerami

Artesã

Desespero e flagelo humano: parêmias da cracolândia
1ª edição

COORDENAÇÃO EDITORIAL
Karol Oliveira

DIREÇÃO DE ARTE
Tiago Rabello

REVISÃO
Maggy de Matos

CAPA
Karol Oliveira

IMAGEM DE CAPA
Evandro Angerami

FOTOGRAFIA ORELHA
Eli Kayasaka

PROJETO GRÁFICO E DIAGRAMAÇÃO
Conrado Esteves

A587 Angerami, Valdemar Augusto, 1950-.

Desespero e flagelo humano : parêmias da Cracolândia / Valdemar Augusto Angerami . – Belo Horizonte : Ed. Artesã, 2017.

204 p. ; 23 cm.

ISBN: 978-85-88009-67-7

1. Psiquiatria. 2. Psicologia clínica da saúde. 3. Dependência química. 4. Psicoterapia existencial. I. Título.

CDU 616.89

Catalogação: Aline M. Sima CRB-6/2645

IMPRESSO NO BRASIL
Printed in Brazil

ARTESÃ EDITORA LTDA.
Site: www.artesaeditora.com.br
E-mail: contato@artesaeditora.com.br
Belo Horizonte/MG

Para

Julio Lancelotti, Ana Maria Silva e Denise Rosa...
– vidas dedicadas aos desvalidos, combalidos,
humilhados e, verdadeiramente, excluídos...

SUMÁRIO

AGRADECIMENTOS

Pássaros de mesma plumagem voam juntos
(Sabedoria Cigana)

Os primeiros agradecimentos são para Pe. Julio Lancelotti, Ana Maria Silva Alexandre e Denise Rosa.

Parceira dos trabalhos desenvolvidos na Cracolândia de São Paulo, nos períodos diurnos, Denise, sempre dedicada, mostra a cada dia, um envolvimento, simplesmente comovente, aos mais combalidos. Ele, responsável pela Pastoral do Povo de Rua, e de uma vida entregue totalmente a causa dos desvalidos que vivem nas ruas. E a Ana Maria, por sua dedicação junto a essas mesmas pessoas. Mesmo sabendo que eu não era alguém de perfil religioso, sempre me aceitaram em suas lides, e sempre tiveram em minha pessoa parceiro de suas lutas e desatinos.

Esse livro contou com a paciente leitura e discussão assídua da minha filha, Paula Linhares Angerami, a minha Paulinha. Ainda hoje me é difícil a concepção que ela tem a titularidade de doutorado efetivada, em uma das principais universidades do país. Na condição de pai me incluo naquela categoria dos que acham que os filhos jamais crescem e que continuam crianças, brincando de baldinho na praia, ou então, trazendo tarefas escolares, para que os pais ajudem em suas resoluções. Enfim..., ela leu com dedicação e pontuou mudanças e sugestões, para que o texto ficasse mais claro e agradável.

É necessário ainda, destacar a presença de pessoas que se fizeram presentes e se tornaram queridas, a partir dessa questão, envolvendo trabalho e reflexão sobre a Cracolândia e o crack. Destaco particularmente o Pe. Glenio Magalhães, em João Pessoa. E as presenças sempre alentadoras e dignificantes de Irmã Chiara, Freis Agostino e Tarcísio, e os religiosos da Missão Belém.

Tantas vidas acompanhadas em total desintegração, nesse período em que perambulamos pelas ruas da Cracolândia, que a questão já não é mais sequer agradecer a eles pela possibilidade do convívio, e sim desejar paz onde quer que estejam.

Serra da Cantareira, numa manhã azul de Primavera.

APRESENTAÇÃO

A Constelação de Pégaso é
a Primavera brilhando no firmamento...

De volta à Serra da Cantareira, a maior reserva florestal urbana do planeta, depois de ir à Cracolândia. O luamento está esplendoroso e mostra o contorno das montanhas ao longe. A repetição dessa cena não cansa, sempre é algo maravilhoso que me inunda a alma de modo irreversível. E estamos na nona Lua do ano, a que traz a florada dos Ipês Brancos e dos Ipês Verdes. O céu já exibe a Constelação de Pégaso mostrando que estamos entrando na Primavera. A Constelação de Pégaso é a Primavera brilhando no firmamento. Embora a minha florada preferida seja a do Inverno – Ipê Roxo, Copaíba, Suinã, Azaléia, Hortência e Bico de Papagaio –, a Primavera sempre me deixa feliz, pela brisa das manhãs. É algo de uma suavidade e encanto, verdadeiramente indescritíveis. Voltar da Cracolândia e apreciar esse cenário, certamente dá um alento de paz e harmonia à própria vida. E, também, escancara de modo abismoso, a total absurdidade daquela realidade. Realidade de pessoas jogadas nas sarjetas, em uma total falta do mínimo, que se estabelece em termos de dignidade humana. Da total ausência de compaixão dos governantes e autoridades para a situação das pessoas que vivem entorpecidas pelo crack, ao mesmo tempo em que a destruição terá alívio e final, apenas pela morte.

As minhas idas à Cracolândia de São Paulo se iniciaram, alguns anos atrás. De início, como observador e, posteriormente, em companhia do Pe. Julio Lancellotti, em sua missão de responsável pela Pastoral de Rua da Arquidiocese de São Paulo. E, mesmo não sendo religioso, nem tampouco alguém que pudesse ser definido como espiritualista, acompanhei o grupo de religiosos em seu intento pastoral. Posteriormente, passei a frequentar aqueles cantos em companhia de Denise Rosa, com a intenção apenas, e tão somente, de que eles tivessem um dia a mais de vida, com nossa presença e apoio emocional e social. E a partir disso conhecer os dramas e enredos daquelas vítimas da Cracolândia.

Essas parêmias foram escritas, inicialmente e postadas em redes sociais e enviadas por e-mail, como uma forma de catarse, como uma tentativa insana de dividir uma angústia irreversível e irreparável. Sua publicação em livro amplia, ainda mais, sua capilaridade, no sentido de compartilhar essa experiência com pessoas, que não estejam ao alcance de nossos contatos virtuais. Refleti, intensamente, se deveria mudar sua formatação inicial, e mesmo se comentários posteriores poderia eventualmente enriquecer essas parêmias. Mas de modo quase que unânime, as pessoas, com quem discuti e refleti tais questões, asseveram que preservá-las em sua condição inicial seria manter a emoção exaurida quando de sua publicação. A própria fragrância do que fora sentido e vivido, nesses momentos de escrita das parêmias, estaria preservado. E, assim, foi feito, as parêmias estão exibidas em sua versão original, sem cortes, acréscimos e sem comentários especializados.

Esses escritos podem igualmente ser pesquisados e analisados, para que sua asserção seja confirmada ou não. Enfim...

Tanta coisa não consigo compreender, que fico sempre à deriva dos fatos e dos desdobramentos que se sucedem. Tal como ondas no mar, umas após as outras em movimentos infindáveis. E, embora tenha um livro publicado sobre drogas[1], a vivência da Cracolândia é algo simplesmente irreal. Ou melhor, surreal... Emerge de uma necessidade de algo, que verdadeiramente é incompreensível. Algo que a razão não pode conceber, nem mesmo decifrar, tamanha a sequência de episódios absurdos e necessariamente intangíveis.

Esse livro não tem a intenção de ser um tratado teórico e filosófico sobre a ingestão de drogas, nem tampouco sobre a dependência química e psicológica, que elas provocam. Ao contrário, nossa intenção é apenas mostrar alguns relatos, facetas dessa exclusão social, tão cruamente delimitada e que escancara a desigualdade de nossa sociedade. Um

[1] "A Psicoterapia Diante Da Drogadicção", Angerami, V. A., São Paulo: Cengage Learning, 2003.

ex-aluno, e hoje amigo, Juan Martins, definiu a situação como sendo de pessoas sitiadas, e protegidas por dois contingenciamentos policiais, a Policia Militar, de responsabilidade do governo do estado, de um lado, e a Guarda Civil Metropolitana, ligada a prefeitura do município, de outro. Essa definição de pessoas sitiadas escancara de modo inalienável a real situação dessas vítimas. Confinadas em um trecho de rua, em que podem cachimbar a droga, sem qualquer admoestação, ao mesmo tempo em que são vigiadas, intermitentemente, para que, não apenas permaneçam nesse espaço, como também, não se atrevam a prejudicar a ordem estabelecida dentro desses limites.

Na verdade, quando definimos a Cracolândia como sendo o escarro de uma sociedade perversa e desigual estamos, em realidade, dando apenas uma imagem romanceada. A situação de flagelo e desespero dessa realidade é algo, que, certamente jamais as palavras serão capazes de reproduzir. Podemos até levar alguma emoção com nossos escritos, mas decididamente, o que presenciamos por lá é uma situação extremada de horrores certamente indizíveis.

Outros grupos de pessoas, que se amontoam nas ruas e viadutos sob a égide do álcool, igualmente estão à margem da sociedade. E, da mesma maneira, são excluídos e marginalizados em nossa desigualdade e crueldade sociais. Mas a impressão que se tem é que o crack, por ter sobre si tanta desinformação e uma mitificação incalculável apresenta níveis de exclusão ainda mais severos.

O grupo de pessoas em situação de rua faz parte do nosso cenário social e não sensibiliza a população de modo geral. Apenas os que cuidam dessas pessoas, ainda se sensibilizam com suas presenças nas ruas. E de modo geral, sua presença sinaliza apenas algo que embora faça parte da paisagem, não seja agradável de ver.

O álcool é droga legalizada ao lado do tabaco, e, seguramente, suas mazelas de destruição são de conhecimento tanto dos profissionais da saúde, como da população em geral. O crack, ao contrário, seus efeitos ainda são obscuros, até mesmo dentro das lides da saúde, seja pelo tempo de seu aparecimento ser relativamente recente, perto de outras drogas, seja, ainda, porque sua colateralidade apenas agora começa a ser observada e melhor detalhada.

E na realidade é tudo tão insano, tanto em relação ao álcool como ao crack, que tudo que se busca é o resgate da dignidade humana das pessoas envolvidas nessas drogas. Isso é o que importa saber; por trás dessas vítimas, temos pessoas desoladas; pessoas que perderam família, emprego, dignidade e tudo que se quiser arrolar; pessoas, que embora em situação de rua, ainda são pessoas, seres humanos. Também temos o total desprezo governamental e das entidades, que envolvem profissionais da saúde. Tudo é legado ao total ostracismo, como se essa realidade não pertencesse ao nosso tecido social, e nem tampouco, escancarasse nossas mazelas de modo único e indissolvível. Crack e suas vítimas, uma realidade nua e crua de nossa indiferença diante da desigualdade social, que ceifa tantas vidas, impiedosamente...

Esse livro foi escrito tendo ao fundo a música de Debussy, especificamente os prelúdios do *Segundo Caderno de Prelúdios*. O Sangue de Cristo em sua versão francesa ou chilena acompanhado de queijo estepe ao azeite, e a minha querida cadela, a Mel, dormindo em meu entorno. Ela, uma cadela rotweiller, quando me foi presenteada, cabia em minha mão. E cresceu em meu colo, me fazendo companhia na apreciação de filmes, ou até, mesmo, lendo e escrevendo. Mas ela cresceu, e ainda crê que cabe no colo. E o que lhe resta fazer é colocar sua cabeçorra entre meu corpo e a mesinha em que escrevo, como que a observar o que está sendo escrito. Realmente, uma graça e uma dádiva esse mimo. Ritual que se torna ainda mais prazeroso, tendo em minha janela o esplendor da Serra da Cantareira, com as montanhas se amalgamando umas às outras e formando um cenário onírico, simplesmente, indescritível. Um pouco de nossas vidas, a vocês, que compartilham de sua leitura...

Serra da Cantareira em uma manhã azul de Primavera...

CAPÍTULO 1

SOBRE O DROGADICTO

Não se doma um cavalo sob o açoite do chicote,
e sim com o afagar das mãos...

(Sabedoria cigana)

A pessoa do drogadicto está cada vez mais legada a um plano secundário diante das teorizações, e principalmente das pesquisas acadêmicas, que o relegam à condição de alguém inserido em dados numéricos e estatísticos, e que tem sua condição de sofrimento relegada ao total ostracismo. Esse capítulo faz um resgate de sua condição humana, para que possamos alcançar os meandros de seu sofrimento e desespero. O uso de drogas na história da humanidade mostra, que elas sempre tiveram papel predominante, pela simples razão de trazerem alívio ao sofrimento imposto, pela própria condição humana. Desde os primórdios, sempre houve o lenitivo das drogas, em busca de alívio para o sofrimento imposto pelas intempéries da existência. A importância da temporalidade – percepção da experiência em termos de tempo, que muda a consciência de um tempo próprio para o desejo, e que passa a determinar a vida –, aparece como estrutura narrativa fundamental dos usuários de drogas. A plenitude que o produto causa, elimina o mal-estar de se ver obrigado a fazer-se responsável por sua vida. Dizer sim ao crack, e, por assim dizer, às outras drogas, é deixar que sua vida seja conduzida por algo que estabiliza, e que o deixa em constante estado de torpor. Sissi[2] coloca, que alguém se torna drogado, principalmente, por não ter fortes motivações, que o direcionem para outras possibilidades, que a vida possa se lhe apresentar. A droga, assim, vence, por não ter adversário que possa

[2] Sissi, G., "O prazer e o mal. A filosofia da droga". Rio de Janeiro: Editora Civilização Brasileira, 1999.

parear com o vazio que preenche a vida do usuário. E, isso por si, leva a um distanciamento inclusive, das reflexões sobre a brutal excludência social de que são vítimas, e que muitas vezes antecede a própria imersão no mundo das drogas.

O início de ingestão de drogas, e frise-se sempre, de qualquer droga, apresenta uma sensação de prazer, que muitos irão definir como felicidade, principalmente por apresentar um contraponto muito eficaz a uma realidade cáustica de vida. Afirmamos em trabalho anterior[3], que a indústria tabagista e as grandes cervejarias, através de poderosos recursos de marketing, fizeram com que o tabaco e a cerveja se tornassem apetrechos indispensáveis, para os jovens, na passagem da adolescência para a vida adulta. O enfrentamento à autoridade constituída, é facilmente observável, na frente dos principais colégios em que jovens empunham na calçada oposta ao portão principal uma latinha de cerveja em uma das mãos, e um cigarro na outra. E ocorre então, a constatação de que existe um prazer irrebatível, simplesmente, ao alcance da mão, com a simples ingestão da droga. E, aqui, estamos falando de drogas legalizadas. Embora sejam as mais letais, ambas são legalizadas, ou seja, estão ao alcance dos usuários em qualquer estabelecimento de alimentação. O impeditivo de que a venda é permitida apenas para menores de dezoito anos é tão falsa e irreal, que dificilmente é levada a sério, tanto pelos comerciantes como pelos usuários. Assim, também a recomendação escrita, em seus recipientes, para que seja consumida com moderação. Estudos recentes mostram que esse quadro faz com que tenhamos jovens de cerca de vinte e cinco anos de idade considerados etilistas, ou seja, pessoas cuja dependência ao álcool já está incrustada em suas vidas de modo irreversível. E dessa simples contestação à autoridade constituída temos então a busca incessante por prazeres e sensações cada vez mais excitantes e desconhecidas.

Temos, então, a propagação da grande cilada à espera do usuário; a de que mantém o hábito de ingestão de drogas controlada. Nega o vício, embora já tenha como normas de vida, hábitos regulares de ingestão sistematizados, bem como do convívio estreitado com outros usuários. Alega-se um domínio – a de que pode deixar a droga quando desejar –,

[3] "A psicoterapia diante da drogadicção", *op. cit.*

sempre sendo projetado para um futuro distante, quando considera que esse prazer não será mais parte de sua vida. Ao perceber, que sua vida tem como ditame principal os efeitos da droga em suas células nervosas, temos então, que os momentos de abstinência sem a droga passam de semanas, ou dias para momentos desesperadores. E aí a deflagração da dependência praticamente irreversível determina também uma pulsão em que a própria vida será substanciada pela ingestão progressiva da droga. Temos a vida entregue a uma fragilidade em que a própria realidade será a maneira como a configuração da droga irá estabelecer suas circunstâncias. E aí começa a verdadeira destrutividade, pois uma vez que a ingestão da droga se torna regular, e decididamente não importa mais a cadência ou frequência, temos então a perda das condições de autoestima e consequentemente todas as referências de degradação moral e social. Para a circunstância de se lançar a vida nas sarjetas das ruas em busca de crack, álcool, e mesmo a quaisquer outras drogas têm apenas passagens de linhas tênues, praticamente imperceptíveis. A droga entorpece e cria um novo universo no campo perceptivo do usuário. E desde uma nova realidade em que padrões morais e sociais são deixados de lado diante dessa nova ordem, o que temos é apenas e tão somente a criação de padrões de vida em que a autodestrutividade é mera consequência. Então o que temos como circunstancial a essa realidade é que para se propor a alguém o abandono definitivo das drogas é preciso parear algo muito atrativo. Pois seguramente o enfrentamento da realidade social com todas as suas dificuldades e barreiras das mais diversas configurações implica em superação contínua dos desatinos que a vida se nos apresenta. E decididamente o usuário de drogas tem um torpor que em seu universo perceptivo não é contemplado qualquer enfrentamento de desatinos sociais. O prazer inicial propiciado pelas drogas aos poucos se transforma em desejo delirante, alucinante e mesmo desesperador, pois o que se tem é apenas a ingestão pela ingestão sem qualquer consciência de realidade corpórea.

Não encontraremos jamais alguém que deseja ser drogado. Da mesma forma não existe pessoa que acordou pela manhã e decidiu que a partir daquele dia seria drogado, seja isso referência ao álcool, maconha, crack, cocaína, heroína ou qualquer outra droga que se queira arrolar. Não! Ao contrário, torna-se drogadicto a partir de uma sucessão de fatos que vão desde o convívio com outros usuários, até a busca por se experimentar drogas mais potentes das usuais – álcool e tabaco, principalmente. Os depoimentos das diversas vítimas de crack e de outras drogas que ouvimos ao longo de nossa trajetória mostra que o aumento do consumo de droga se dá por aproximação de situações e ambientes em que a droga está presente. Da mesma forma que o músico que toca na noite tem uma grande facilidade para se tornar alcoolista por simplesmente ter a bebida ao alcance da mão como sendo um complemento de sua atividade artística, temos um grande número de usuários de outras drogas que relatam situações similares. Temos então, por exemplo, o uso de maconha por adolescente para poderem frequentar o grupo em que a droga é presente e algo indispensável nesse contexto. Assim também outros grupos sociais em que a presença da cocaína baliza as relações sociais em si. E isso não excluí naturalmente a presença da bebida em situações de comemorações, ou mesmo como sendo algo indispensável para se receber um amigo querido em casa. Acrescente-se a isso a condição de adversidades sociais que implica em comportamentos marginais em que a droga sempre desenvolve papel relevante, temos então a configuração para que alguém mergulhe nesse universo em imersão plena e absoluta. E o enfrentamento das adversidades sociais sempre tem implicações verdadeiramente mais estressantes do que a realidade em total torpor, e em completo distanciamento de tudo. Aqui reside o grande enfrentamento do problema das drogas, a falta de compreensão de que ela preenche um papel importante na vida do usuário.

De outra parte a criminalização do usuário de drogas não deixe de ser um estigma criado socialmente. E que visa em última instância torná-lo alguém que deve ser evitado e rejeitado de todas as formas para que não contamine outras pessoas. Essa visão faz com que sejam algozes sempre dispostos a desvirtuarem as vítimas inocentes e inconsequentes de nossa sociedade. É sempre mais fácil culpar o outro pelos nossos próprios desatinos a ter que assumir que minimamente ao aceitarmos seus desígnios de oferecimento de droga estamos igualmente assumindo responsabilidade pelos próprios atos.

Ao amaldiçoarmos a figura do drogadicto como se fosse brutal e descomunal apenas e tão somente a espera da droga para se entorpecer, estamos configurando aquilo que a própria sociedade mercantilista espera indevidamente dos profissionais da saúde. E disso precisamos fugir. Se a droga cumpre um papel de entorpecer e alienar, cabe aos profissionais da saúde apresentar um contraponto a essa conceituação e mostrar os aspectos que envolvem tanto a busca desvairada pelas drogas, como principalmente os aspectos da engrenagem social que o transformam em alguém alijado da estrutura social. Se observarmos, por exemplo, a Cracolândia em São Paulo para verificarmos como tanto o consumo e a venda estão liberados e protegidos sob a égide policial, temos uma visão clara da presença do Estado alijando tais pessoas de qualquer outra possibilidade que não a droga. Os programas governamentais, tanto o estadual, federal e municipal surgem apenas como uma forma de se escamotear a verdadeira proteção que o Estado provê ao consumo e venda das drogas. Dessa maneira, torna-se muito mais fácil criminalizar o usuário do que procurar enquadrá-lo em uma compreensão de saúde pública. No caso específico do usuário de crack a coisa se torna ainda mais difícil, pois o pejorativo que incide sobre ele engloba tudo o que foi descrito de modo drástico. O fato de as mulheres usuárias de crack recorrerem habitualmente à prostituição para a manutenção do vício, faz com que doenças inerentes a essa prática como HIV/AIDS seja recorrente. Isso além de outras doenças transmitidas pela prática sexual. Na realidade em tempos de HIV/AIDS quase que não se considera outras doenças venéreas como sífilis, gonorreias, cancro, etc. igualmente daninhas ao organismo. São doenças verdadeiramente severas e com consequências lesivas ao organismo e que foram deixadas em plano secundário devido à severidade do HIV/AIDS. Em que pese visão social de que os homens são os mais envolvidos com o consumo de drogas as mulheres ocupam relevância nesse cenário na medida em que as publicações recentes passaram a balizar os dados de gênero com mais precisão. Medeiros e outras[4] colocam que o fenômeno do uso de drogas, contrariamente ao que se possa acreditar, não foi sempre uma problemática exclusivamente masculina. O uso de drogas por mulheres sempre esteve presente nos mais diversos contextos e civilizações. No entanto, ao percorrer a história das primeiras descrições da mulher nesse contexto, observa-se que essas sempre estiveram ausente nos registros das sociedades, isto porque o seu lugar dependeu

4 "As drogas no universo feminino: do preconceito à vulnerabilidade", Medeiros, K, T.,, Maciel, S., C., Souza, P.,F., Souza, G., L. S., S in "Pesquisa, prevenção e intervenção às drogas – desafios no mundo contemporâneo", João Pessoa: 2014, Editora da UFPB.

das representações dos homens, que foram por muito tempo, os únicos responsáveis por descreverem os fatos históricos[5].

O próprio consumo da droga feito através de cachimbos confeccionados com latão não preserva o mínimo cuidado com aspectos de contaminação e infecção. É comum encontrarmos cachimbos totalmente enferrujados sendo usados em que pese o preço pelos quais eles são vendidos serem muito baixos. Observa-se então uma quantidade muito grande de pessoas que possuem queimaduras nos lábios e infecções bucais decorrentes do contato contínuo com material enferrujado na própria boca. Observa-se a venda de cachimbos a céu aberto juntamente com as pedras. No entanto, embora o preço seja acessível seu uso é estendido até o extremo de sua vida útil. Da mesma forma os isqueiros usados para se acender as pedras no espaço do cachimbo são usadas de modo totalmente contrárias aos padrões mínimos de cuidados em seu manuseio. Assim, dedos e mãos queimados são frequentes, e não raro dedos amarelados são considerados os danos menos lesivos causados às mãos. E como o uso contínuo por horas, e às vezes até dias seguidos implica em usar o isqueiro continuamente para incandescer as pedras, o que temos é uma situação de total abandono a qualquer cuidado mínimo com o próprio corpo em cada um de seus detalhamentos. A ausência de dentes denota processo acelerado de descalcificação, e quase sempre está a mostrar que aquela vítima já está em processo acelerado de total decomposição orgânica.

Ao se caminhar pela Cracolândia nos deparamos com uma quantidade absurda de pessoas que se utilizam de cadeiras de rodas e muletas. Isso devido à gangrena provocada nos membros inferiores por horas e dias seguidos na posição de cócoras simplesmente cachimbando. E isso por si é algo tão absurdo pela repetição que se torna um dos maiores indícios da situação de total abandono dessas pessoas com qualquer cuidado mínimo e necessário consigo.

E ainda podemos acrescentar que o crack ao lado do álcool são as duas drogas que além dos danos causados ao organismo provocam dano a ruína da degradação moral e social. São pessoas que depois de períodos longos de ingestão das drogas perdem sua condição de humanidade e

[5] *Ibidem, op. cit.*

caem em degradação moral e social na maioria das vezes irreversível. Pessoa jogada nas sarjetas seja pelo uso do álcool ou do crack são cenas comuns em nossas cidades. É dizer que além do alto poder das drogas sobre o organismo essas pessoas ainda estão sujeitas a uma degradação que atinge a família e os círculos de amigos e pessoas próximas. E a irreversibilidade desse quadro só faz agravar não apenas o preconceito que existe sobre o usuário de drogas como, principalmente o estigma de portadores de alguma doença irreversível. E na realidade a cantilena de que o crack é droga que devasta o organismo em apenas algumas cachimbadas é falsa. Assim como o álcool, a principal causa do definhamento corpóreo reside na degradação moral e social em que o usuário aos poucos abandona normas e padrões sociais. Na sequência, abandona a si próprio em uma total entrega ao consumo da droga sem freios e limites. E isso é o que provoca a destruição orgânica, o uso desmesurado e contínuo sem qualquer padrão de conduta a inibir suas consequências em todos os âmbitos de análise.

No Brasil de tempos em tempos há novas tentativas de se abrandar as penalidades legais dos usuários de drogas fazendo uma distinção com os traficantes. E como na realidade toda prisão sempre é efetivada por autoridade policial que atribui um flagrante e quantidade de drogas sem critérios absolutos, o que temos é uma questão tão delicada sendo resolvida por aspectos meramente subjetivos. E ademais temos em nossa realidade toda uma estrutura de corrupção envolvendo a questão da drogadicção. Assim, desde autoridades policiais passando por representantes do legislativo, judiciário e outras entidades sociais, temos tentáculos solidamente vincados a proteger o abastecimento ilegal de drogas aos usuários.

Um dos aspectos mais proeminentes de todos que defendem a descriminação das drogas e sua liberação é justamente tirar o foco das drogas da área policial e todos os seus envoltos de corrupção, e torná-la uma questão de saúde pública. E nunca é demais repetir, as drogas que mais matam são as legalizadas. E certamente não há mortes pela disputa de vendas de cervejas ou cigarros, por exemplo. Apenas campanhas publicitárias que tentam alcançar seus usuários com promessas mirabolantes. Jamais mortes pela disputa de pontos de vendas, ou de controle de usuários. A morte está presente nos malefícios causados aos usuários, mas não na disputa por pontos de vendas.

Toda vez que se criminaliza um usuário de drogas imputando-lhes várias formas de maledicências, estamos em realidade configurando uma busca de sentido para a vida em um crime social. Cabe discutir se a droga é o melhor lenitivo para o enfrentamento do vazio que a vida apresenta em muitas situações, mas jamais simplesmente condenar essa pessoa de modo tão drástico. Essa é a questão mais importante, e que deveria permear a discussão sobre o uso de drogas. O caminho da destruição provocada pelas drogas tem agravantes e componentes severos quando fazemos referências às ilícitas. Pois além da destruição em si provocada no organismo, temos uma série de complicações derivadas do fato de ser contravenção penal. É dizer que o fato de ser flagrado portando, ou usando droga ilícita implica necessariamente em adentrar ao terreno arenoso da esfera de problemas policiais de início, e judiciais sequencialmente. E além da droga em si, haverá também a destruição de sua condição social com condenações diversas, O que implica muitas vezes em prisão e consequente convívio com detentos condenados por outros delitos como assassinatos, roubos e até mesmo tráfico de drogas, por mais hilário que isso possa ser. E quando adentramos a discussão da condenação do usuário de drogas em sistema prisional temos ainda, o maior disparate possível que é o consumo de drogas dentro do próprio presídio. Ou seja, alguém é condenado indevidamente por uso ou porte de drogas, e vai cumprir sua pena em um sistema prisional que apresenta, entre outras tantas perversidades, o consumo e tráfico de drogas em seu interior.

O usuário se torna alguém definido como drogadicto, ou seja, com a vida totalmente inerte e entregue às drogas, quando os passos do aumento de ingestão é algo muitas vezes difícil de ser balizado e até mesmo rememorado. A droga passa a fazer parte da vida dessa pessoa, de modo indissolúvel. Ela tem a condição de aplainar seu vazio de vida, e muitas vezes, levá-lo a condições prazerosas impossíveis de se pensar em seu universo simbólico, sem a presença das drogas. E, na maioria das vezes, ao invés de uma compreensão, que abarque essas questões, temos o enfrentamento da problemática das drogas realizado por autoridades policias, como sendo um problema dessa área, quando, ao contrário, trata-se de questão de saúde pública.

A própria configuração do tráfico de drogas possui tentáculos em todos os poderes do país, o que torna sua abrangência sequer passível de uma discussão, que não seja acalorada dada os interesses afrontados. A droga precisa ser compreendida como sendo algo que cumpre uma função no preenchimento do vazio, apresentado por essa vida. E isso, de modo geral, faz com que a droga seja entendida de modo mais abrangente, pois ao ser inserido como fazendo parte da vida do usuário, como algo que muitas vezes lhe dá até mesmo sentido de vida, podemos simplesmente entender toda a dinâmica desse imbricamento usuário-droga.

E mesmo a configuração da ingestão de drogas como sendo uma forma de suicídio lento, progressivo e irreversível, precisa tem uma compreensão expandida, para não se perder em aspectos simplistas. Evidentemente, que a autodestrutividade presente na ingestão contínua e sem intermitência, de drogas de alto teor destrutivo, não pode ser considerada como algo sem a intenção de morte. Mas o que não se pode perder de vista é que algo que se torna destrutivamente irreversível, em princípio foi buscado como sendo prazeroso. A destruição ocorre com a guinada, que se verifica após a entrega total à droga e ao abandono de qualquer parâmetro de dignidade e mesmo de valores morais e sociais. Em trabalho anterior[6] fizemos uma distinção do suicídio como um ato deliberado em que se tenta buscar a morte de modo imediato, e as formas de destruição lentas e graduais. Nos atos deliberados como ingestão de comprimidos, raticidas, soda cáustica, etc, uso de arma branca ou de fogo, atear fogo ao próprio corpo e outros, temos uma maneira em que a vida chegou a tal ponto de desespero, que a morte é vista como sendo a única possibilidade que se faz presente. Não que não existam outras possibilidades para essa vida quedada e inerte em sofrimento, pois sempre existem possibilidades diversas. O que ocorre é uma total obnubilação da consciência de tal sorte, que só a morte se apresenta como viável. Nesses casos, inclusive, vamos encontrar depoimentos de pessoas, que, diante da morte, relatam que perceberam que o que menos queriam era morrer. Embora isso possa parecer absurdo para alguém, que buscou a morte deliberadamente, mostra o que ocorre de fato é que a pessoa queria acabar com uma situação desesperadora, e que a morte surgiu, pelo fato de não se perceber outras possibilidades. E, verdadeiramente, diante da morte se dão conta de que não querem morrer e sim acabar com aquela

[6] *Suicídio. Fragmentos de psicoterapia existencial.* Belo Horizonte: Artesã, 2017.

situação desesperadora. Já nos casos de autodestruição lenta, gradual e progressiva vamos encontrar os casos de tabagismo, alcoolismo e de outras drogas em geral. Temos também situações de atividades que colocam a vida constantemente em risco – bombeiros, aviadores, policiais, etc. –, mas nesses casos existem tantas variáveis a serem consideradas, que podemos falar em atividades de alto teor de periculosidade, mas não em busca deliberada de morte.

A drogadicção pode, sim, ser considerada uma forma de autodestruição deliberada. Isso embora o uso contínuo da droga leve a tal torpor de consciência, que fica difícil se falar em qualquer balizamento, que implique em deliberação determinada pela consciência, diante de uma situação desesperadora. Como ilustração tem os casos de ingestão de cocaína, através do uso de seringas. Reúnem-se várias pessoas, que compartilham a mesma seringa para a ingestão da droga. A seringa contaminada com o sangue dos usuários é passada, de modo que todos os usuários utilizem a mesma seringa. Alguém, que minimamente tenha o sangue contaminado, e todos, igualmente, serão contaminados. Muitos casos de AIDS forma transmitidos dessa forma. E, embora houvesse muitas campanhas elucidativas e esclarecedoras sobre esse risco, a questão é que os usuários, depois da alteração de consciência, provocada pelo uso inicial da droga, abandonam cuidados necessários, para se evitar tal contaminação. Deliberadamente, estão em uma atividade de risco, que implica a eminência de se contrair uma doença letal. Autodestrutividade, que determina riscos sérios à saúde e, por assim dizer, à própria vida. Apenas a conceituação de uma ação deliberada de morte é que precisa ser compreendida, em detalhamentos mais amplos e precisos. Estamos diante de um comportamento patológico, que assumiu na sociedade atual, o caráter de normalidade. A sociedade contemporânea assumiu plenamente suas características destrutivas. A droga cumpre esse papel de destrutividade, sem qualquer balizamento em contrário. Kalina e Kovladoff[7] colocam, que a sociedade propõe ao indivíduo uma ordem alienante: pede-lhe, que mude, para se adaptar; que se adapte, para obedecer, obedeça para que nada se altere, senão em função dos interesse daqueles que detêm

[7] Kalina, E., e Kovladoff, S., "Cerimônias da destruição", Rio de Janeiro: Livraria Francisco Alves, 1983.

o poder político e econômico. Quando descobre a injustiça, deve aceitá-la; quando apreende o valor das perguntas, adverte simultaneamente a necessidade de calar. Suas contradições não são toleradas, porque não há tempo nem recursos efetivos para lhe dar o apoio de que necessita. A destruição propiciada pelas drogas apenas efetiva algo, que a sociedade impõe ao individuo em termos pessoais.

No caso do crack, especificamente, temos vidas entregues a total degradação, em distanciamento da vida social e familiar. A insaciabilidade leva ao abandono de si, e a busca pela droga direciona esse usuário para situações em que a degradação humana é mero derivativo de sua autodestruição. Vidas jogadas nas sarjetas e que simplesmente se acomodam de tal modo, que a realidade plena é apenas e tão somente a possibilidade de aquisição da droga, para que possam continuar subsistindo nessa condição. A vítima de crack é simplesmente alguém excluído socialmente, que faz uso de uma droga de alto teor destrutivo, para completar a destruição, que a sociedade efetivou sobre ela. Simplesmente, cumpre o que se espera dela; que foi excluída e parcialmente destruída, por um sistema social excludente. Apenas completa essa destruição, se entregando ao consumo de uma droga, que ao menos a deixa em torpor e totalmente inerte aos golpes desferidos contra sua vida, e, por assim dizer, contra sua dignidade. E o que se perde de parâmetro, na maioria das vezes, é o simples fato de que o drogadicto é uma pessoa.

Um ser humano que busca nas drogas o entorpecimento, para não enfrentar uma realidade tão cáustica, que o exclui do convívio social. Esse detalhe faz toda a diferença, na tentativa de compreensão do drogadicto. Ou seja, compreendê-lo além de uma dependência química, psíquica ou o que mais se queira arrolar. Não se trata de negar tais níveis de dependência, nem tampouco menosprezar o avanço das ciências da saúde, que já conseguem prospectar os efeitos da droga no organismo, bem como seus efeitos e consequências. Ao contrário, tudo que for feito para uma tentativa de se aproximar do fenômeno da drogadicção, certamente é válido e sempre bem-vindo. Mas o que desejamos enfatizar é a importância de se enxergar uma pessoa, em situação de extremo sofrimento, por trás de toda essa nosologia química e farmacológica, que se estabelece sobre o drogadicto. As coisas não são excludentes, apenas necessitam serem justapostas de maneira digna. Pois, o que se vê é uma ênfase excessiva nos aspectos da nosologia da dependência química e uma total excludência das considerações, que elevam esse drogadicto em sua humanidade.

Repito, os avanços das ciências da saúde, no enfrentamento da drogadicção e suas consequências, cresceram no mesmo ritmo em que decresceu a compreensão humana do drogadicto. Sua condição de sofrimento diante dos desatinos sociais simplesmente é algo que não cabe nos tratados de nosologia. Sua condição de humanidade se esvai, diante dos gráficos que o colocam como número de pesquisas e amostragens populacionais de usuários de drogas. O coração, que vibra em ânsia, não cabe nesses tratados científicos em cujos dados apenas a racionalidade científica tem valor.

Nesse ponto, certamente, reside a força dos nossos trabalhos e escritos, pois certamente, estamos vendo o sofrimento da pessoa do drogadicto, independentemente dos dados estatísticos, ou mesmo dos avanços farmacológicos. Interessa a pessoa que está sofrendo, com esse enredo perverso, que o coloca diante das drogas para o enfrentamento dessa sordidez social de nossos tempos.

Uma pessoa, que perdeu a dignidade e todo seu escopo social, sempre estará além dos estudos, que tentam enquadrá-las em grupos experimentais de pesquisas. Alguém que ficou sem teto, família, trabalho e qualquer outra coisa, que se queira arrolar, precisa ser compreendido de outra maneira, que não pela justaposição dos avanços farmacológicos. E, de outra parte, com o grande impulso dado pela indústria farmacêutica, na imposição de novas drogas para tratamento do dependente químico, fica cada vez mais difícil se evocar qualquer outra razão, que não essa lógica medicamentosa. É dizer que as pesquisas que enquadram a drogadicção em entidades nosológicas e, consequentemente, prescrevem medicamentos para essa intervenção, não estão dispostas a permitir intervenções, que impliquem em compreender o drogadicto como uma pessoa em extremo sofrimento e que encontra nas drogas um grande lenitivo para essa situação. Exemplo dessa absurdidade ocorreu em um congresso de saúde mental em que minha palestra versou sobre a Cracolândia, o crack e as pessoas em degradação por essas circunstâncias. Terminada a palestra, quando se abriu a parte de perguntas, fui confrontado com arguição sobre a base metodológica na qual minha pesquisa se fundamentava. Disse, simplesmente, que não estava fazendo qualquer pesquisa, em meu trabalho junto às vítimas da Cracolândia. E que eu não tinha base metodológica, como nenhuma fundamentação de qualquer tipo de pesquisa. Não houve jeito, pois a incredulidade de que eu estava fazendo um trabalho, sem metodologia de pesquisa, era simplesmente inaceitável. Até mesmo sobre meus trabalhos, que resultaram em titularidade acadêmica, a questão se direcionou. Pacientemente, disse que meus trabalhos acadêmicos foram embasados em pesquisa qualitativa e que apresentaram análise de dois casos com fundamentação teórico-filosófica. Não houve jeito; por mais que argumentasse, que minha preocupação era com as pessoas, que vicejavam sob o efeito das drogas, a incredulidade sobre a falta de base metodológica de pesquisa foi a tônica principal. Enfim...

Ao se buscar a compreensão da figura do drogadicto, estamos confrontando principalmente o academicismo em todas as suas instâncias. Pois, desde as pesquisas acadêmicas, que enquadram a ingestão de drogas em entidades nosológicas, até os avanços propiciados pela indústria farmacêutica, o timbre principal apresentado é o total desprezo pela pessoa do drogadicto. Nessa visão, o que importa são os gráficos, resultados e toda a gama de dados, que possam embasar a pesquisa científica. O sofrimento, que envolve o drogadicto, não cabe nesses estudos científicos. Trata-se de um imbricamento, que, cada vez mais, dista propostas acadêmicas com abordagens, que implicam na compreensão da humanidade dos pacientes em geral. Essa redundância implica em se fazer escolha por um dos caminhos propostos, como se fosse excludentes e intangíveis. E, na realidade, da maneira como as coisas estão justapostas e se afunilam cada vez mais, algo que poderia ser harmonioso e de complementaridade, acabou se tornando excludente, como se trabalhássemos com espécies diferentes. E não apenas e tão somente com a condição humana.

A dor humana não pode, jamais, ser mensurada e nem tampouco enquadrada nos ditames científicos. E isso, simplesmente, escamoteia o que existe de principal no sofrimento humano, aspectos de uma vida. que buscou nas drogas alívio para um destempero provocado por um conjunto muito difuso de variáveis e circunstâncias intangíveis. E ao falarmos em compreensão humana nos direcionamos de modo indissolúvel a questões envolvendo a subjetivação e seus ditames na conduta humana. Toda e qualquer abordagem que não considere o que temos de mais humano que é nossa subjetivação está fadada ao fracasso, pois, o que irá conflagrar a compreensão da busca pelas drogas contempla a estrutura social de alijamento e alienação, que se imbrica de modo indissolúvel com a subjetivação do usuário. E todas as vezes que observo estudos sobre drogadicção, percebo uma vasta presença de dados que contemplam idade, sexo, profissão, tempo de uso da droga e outros dados de interesse dos pesquisadores. Jamais se encontra qualquer menção aos aspectos subjetivos presentes na drogadicção. Não se vê nenhuma alusão ao sentido da droga na vida desses usuários. Tampouco, os aspectos de sua deterioração e degradação humana imposta pela droga. Talvez, pelo fato de sua busca desvairada em ser reconhecida como ciência, a psicologia tenta se aproximar dos critérios ditos científicos, pra enfeixar suas análises, e se distancia daquilo que deveria ser sua maior peculiaridade, a compreensão humana em detalhamentos de sua subjetivação.

Em trabalho anterior[8], colocamos, que a exigência acadêmica, cada vez mais premente de exigir publicações nos periódicos científicos, estabeleceu uma normatização em que os artigos precisam ter sempre a mesma configuração. E desde a formatação da linguagem, gráficos e resultados a semelhança de sua padronização é algo simplesmente dantesco, e tanto faz que o artigo verse sobre psicologia, química ou qualquer outra área. E, na medida em que, qualquer aluno em busca de titularidade de mestrado, doutorado ou pós-doutorado, precisa dessas publicações, para qualificar sua condição acadêmica, o que temos é a propagação sem limites dessa padronização de artigos. Detalhes como subjetivação, compreensão humana, amor, solidariedade e tantas outras temáticas, que fazem parte da nossa humanidade, ficam circunscritas aos sonhadores, e idealistas, que são, cada vez mais, rechaçados do meio acadêmico e cientifico.

[8] "O corpo câncer" in "O câncer diante da psicologia. Uma visão interdisciplinar"., Angerami, V.A., Gaspar, K. C., São Paulo, 2016: Pearson Learning.

CAPÍTULO 2

EM BUSCA DE COMPREENSÃO CONCEITUAL...

A magia maior do universo é tua vida, tuas conquistas.
E a lua branca no céu, sempre contemplativa...

(Sabedoria cigana)

Sobre o Amor

Amor é a gotícula de orvalho,
acarinhando as flores na madrugada...
(Valdemar Augusto Angerami)

Muitos perguntam, se o nosso trabalho resulta em levar esses dependentes do crack ao abandono da droga. Simplesmente, respondo, que nosso objetivo é apenas propiciar um dia a mais de vida, a esses usuários, através de nossa presença e acolhimento aos seus desatinos de vida.

Nada mais!

Um dia a mais de vida, ao levarmos um pouco de espiritualidade a essas pessoas desvalidas e combalidas pela exclusão social. E, quando falamos em espiritualidade, é muito importante fazermos a diferenciação com religiosidade. Em texto anterior[9], colocamos, que espiritualidade é tudo aquilo que eleva em nossa condição humana, e não necessariamente algo que implique na busca do Sagrado. Religiosidade, sim, é a busca do Sagrado. Evidentemente, quem busca o Sagrado, através da religiosidade, também está tendo uma condição de elevação espiritual, mas, necessariamente, a busca da espiritualidade por si, não implica em

[9] Angerami, V.A., "Sobre a espiritualidade" in "Psicologia & Religião", Angerami, V.A., (org.), São Paulo: Cengage Learning, 2008.

religiosidade. Assim, nosso trabalho, junto às vítimas do crack, implica em levar-lhes um pouco de espiritualidade e acolhimento emocional. E se considerarmos que os programas governamentais, tanto em nível estadual como municipal, quase nada obtém, seja por discordâncias básicas de princípio – enquanto um projeto propõe abstinência e internação, o outro, redução de danos –, estamos conseguindo muito, pois, um dia a mais de vida é algo insólito nessa realidade. E não se trata de postura de resignação, quietismo ou qualquer outra coisa nessa direção. Também, não estamos fazendo referência a nossa impotência diante de um agressor tão poderoso como o crack. Estamos, sim, sendo realistas e esperançosos de que essa atitude, aos poucos se torne um enfrentamento aos poderes constituídos, tanto governamentais, incluindo-se forças policiais, e órgãos de saúde, e até mesmo as estruturas religiosas, que se omitem vergonhosamente diante dessa realidade. Não podemos perder de vista, que cidades, que hoje são referência por sua grandiosidade, foram construídas, muitas vezes, a partir de um ponto em que se podia parar, para se sorver um pouco de água.

Ao falarmos de pequenas intervenções em nossa cotidianidade, parece, na maioria das vezes, que estamos falando de algo que se mostra como exceção, e não de um processo, que está em curso e que pode levar a mudanças de posturas, opiniões, e até mesmo da criação de atitudes políticas de intervenção. E fazemos referência, principalmente às atitudes que nos elevam em nossa condição humana. Falamos, principalmente, de amor.

O amor é visto como algo sem pertença ao universo acadêmico. Ao publicar uma obra no passado, abordando as diferentes manifestações de amor na condição humana[10], sofremos todos os tipos de críticas e perjúrios, como se estivéssemos falando de temática que cabe apenas no âmbito artístico.

É o amor, que permite o gesto de compartilhar algo, com o que sofre, como, também, consolida relações duradouras e prazerosas. As ações baseadas em amor estão cada vez mais rareadas, mas, certamente, foram os alicerces de construção das sociedades modernas. Não é possível se imaginar sociedades construídas com sentimentos como ódio,

[10] *As relações de amor em psicoterapia*. Belo Horizonte: Artesã, 2017.

medo ou indiferença. Os regimes ditatoriais, que estabelecem sociedades controladas sob medo e desesperança, em busca de uma suposta ordem social, sempre são passageiros. E, enquanto duram, são desagregadores e insuportáveis aos anseios de liberdade e fraternidade.

Falar de amor na construção social, em momento em que a rejeição, o ódio, sentimentos xenófobos, racistas e homofóbicos dominam o cenário mundial, parece totalmente insano. No entanto, até mesmo posturas de enfrentamento a essas situações são feitas a partir do amor e da compaixão pelo semelhante.

Ao pensarmos em uma sociedade mais justa e fraterna ela não pode estar circunscrita às nossas relações interpessoais. A questão que esbarramos, inicialmente, nesse intento é que vivemos em um mundo totalmente imerso no neoliberalismo econômico. Um contexto em que, cada vez mais, o conceito de meritocracia vai ganhando espaço e deixando os que não conseguem visibilidade, ou mesmo condições mínimas de subsistência, à deriva.

Hoje as pessoas estão fragmentadas de tal sorte, que vamos enxergar famílias, países, grupo de países como se fossem independentes, e pior, competitivos em interesses opostos, e muitas vezes, beligerantes. Os princípios de convivência se tornam desagregadores, e até antissocial, pois cada pessoa passa a ser vista como um concorrente, que precisa ser alijada da disputa pela sobrevivência. E cada vez mais sentimentos de solidariedade, fraternidade e justeza perdem espaços para os princípios da meritocracia. E, isso se reflete em nosso entorno de modo irreversível, pois estamos o tempo todo, em relacionamentos em que a dignidade humana precisa ser preservada, para que o neoliberalismo não drague nossos sonhos e ilusões. Somos fragilidade, tentando acreditar em sonhos de uma sociedade mais justa e fraterna. A utopia precisa ser preservada, para que possamos continuar nessa empreita, que a cada dia se torna mais áspera e difícil, diante de um capitalismo cada vez mais impiedoso e excludente. E no qual a dignidade humana é tratada como simples mercadoria, diante das intempéries sociais.

Falar de amor, em uma sociedade que viceja ódio em todos os níveis, nos transforma em pessoas ridiculamente sentimentais. Amor ao excluídos nos faz, então, portadores de alguma psicopatia mais séria, casos dignos de serem analisados e observados. Pessoas em situação de rua, os marginalizados, que perderam tudo, não podem ser contemplados com nossa piedade, nem tampouco por solidariedade. E quando falamos, então, de pessoas em situação de rua, que estão entregues ao crack ou álcool, ouvimos desde que se trata de pessoas que escolheram essa situação, ou ainda, outros que evocam possíveis carmas, para justificarem tais escolhas. Pode-se até argumentar em relação a adultos, que se entregam a essas situações, ao invés do enfrentamento das dificuldades de outra forma de vida. Mas, diante de crianças que são paridas e crescem na rua, verdadeiramente a questão é por demais complexa, para que se tenha um viés tão simplista quanto a evocação de escolhas pessoais[11].

E, paradoxalmente, quando falamos em amor, a única possibilidade, que surge no seio das discussões, é sobre o amor erótico. Em publicação anterior[12], o que mais suscitou atenções e reflexões foi justamente o fato de elencarmos os diferentes tipos de amor presentes na condição humana, o amor caritativo, o amor fraterno, o amor materno/paterno, o amor erótico, e suas diversas intercorrências. Essas diferentes variações da temática do amor possibilitam a compreensão plena da doação feita a alguém, que se encontra combalido nas ruas, e sua definição como um gesto de amor caritativo. E também a compreensão de que se ater a atitudes que impliquem no soerguimento de um combalido como sendo um dos mais nobres gestos de amor.

No momento em que a realidade virtual adquire contornos específicos, até mesmo se transformando em uma modalidade de amor, temos, mais do que nunca, de buscar a verdadeira essência do significado de amor. Em circunstâncias que poderíamos definir como contemporâneas temos um número cada vez maior de pessoas, que se conhecem inicialmente pelas redes sociais, para depois efetivarem uma relação interpessoal, presencial. E isso sem adentrarmos a um número significativo de pessoas, que, simplesmente, se relacionam apenas e tão somente em âmbitos virtual. Não existe, nesses casos, a menor tendência a ser de buscar o conhecimento real, pois muitas pessoas, simplesmente, se

[11] Sobre a questão de escolhas pessoais falamos mais detalhadamente no capítulo *A vida nas ruas*.

[12] "As relações de amor em psicoterapia", *op. cit.*

satisfazem com o mundo virtual. De fato, o resignificado das relações amorosas implica, necessariamente, em contemplar essas transformações, impostas pelo mundo virtual, a *realidade fascinante* e sem riscos das redes sociais. Pois, diferentemente do mundo real em que temos que experienciar e enfrentar as mais variadas situações, nas relações virtuais é possível mostrar e apreender apenas e tão somente o que se deseja.

Um sonho de ver um mundo sem ódio e rancor é algo por demais insólito, para ser pensado como realidade. A situação dos interesses sócioeconômicos, determinando uma série de confrontos em busca de posicionamentos geopolíticos está a demolir com qualquer proposta de uma vida de paz e fraternidade. O potencial bélico não apenas cresce, mas também, se desenvolve em níveis sequer imagináveis, no passado, e está a desafiar qualquer sonho de um mundo sem guerras e ódio. Existem desde drones teleguiados, sem a presença humana, até bombas desferidas milimetricamente contra alvos precisos. Temos a guerra numa desenvoltura impossível de contemplar qualquer sonho de paz. O maior símbolo dessa idiossincrasia, talvez seja o presidente estadunidense, Barack Obama, com todo seu furor bélico e destrutivo, ter sido agraciado com o Premio Nobel da Paz. Simplesmente dantesco, e o mais agravante, em seu discurso Obama disse, que, para se obter a paz, é necessário a guerra, e citou como extremo de sua condição bélica, que ninguém iria conseguir parar os exércitos de Hitler, com discursos pacifistas. Ou seja, para justificar sua indicação recorre a situações de horror, que a humanidade conheceu em situações extremas de desespero e dor. E, o pior, recorre ao seu potencial bélico para o enfrentamento de possíveis desavenças com outros países. Definitivamente, sinal da época obtusa em que vivemos, em que um dos maiores líderes sanguinários, promovendo destruição e matança sem limites é escolhido como Nobel da Paz.

Amor, sempre amor irá demolir as barreiras do ódio, que implicam na destruição da própria condição humana. Só quando formos capazes de entender o real significado do amor teremos uma sociedade mais justa e fraterna. Uma realidade em que tudo que possa ocorrer com algum outro humano implica em situações que igualmente me afetem por esse balizamento do verdadeiro significado do amor.

Sobre a Caridade

Se Deus tiver que aparecer para um faminto
Ele se configura em um prato de comida...
(Ghandi)

Caridade é atitude muito difundida e propagada nos meios religiosos. Penso, entretanto, que precisa ser refletida, para que seja substituída pela solidariedade. A caridade pressupõe uma relação de verticalidade, em que alguém que está em uma situação diferenciada, ou privilegiada possa ajudar a outro que esteja em situação de inferioridade. É algo que, de alguma maneira, subjuga aquele que está sendo ajudado, pois uma vez que sua inferioridade está subjacente à relação, sua condição tende a ser mantida sem alteração.

É fato de que, diante de alguém, faminto qualquer reflexão sobre a natureza do gesto, que oferece um prato de comida, é inócua, e totalmente descabida. A questão é a perpetuação desse gesto sem qualquer reflexão, e mesmo sem a condição de possibilitar a mudança dessa situação. Mas, diante da fome não cabe discussão acadêmica, ou de qualquer outra ordem, pois simplesmente o necessitado não está em condições de fomentar qualquer tipo de discussão.

O imbricamento mais complexo nessa questão é que as entidades de caridade apenas perpetuam a desigualdade, ao levar alívio imediato, sem qualquer reflexão sobre essa condição. E sem, tampouco, propor mudanças sociais que minimamente quebrem as pilastras das desigualdades sociais, e que são responsáveis por tantas pessoas em situação de excludência, e, portanto à mercê da caridade. Dessa maneira, muitas entidades praticamente, atuam no sentido de minimizar o sofrimento dessas pessoas combalidas. Jamais abordam a razão dessas desigualdades, e nem mesmo o significado de existirem tantas pessoas em situação de total excludência social.

Dar um pedaço de pão a quem está nas ruas combalido e com fome, certamente é um grande gesto de generosidade. Agora, se apenas ficarmos repetindo esse gesto, sem qualquer reflexão sobre o significado dessa pessoa estar na rua, sua impossibilidade de ter outra vida, e as mazelas que determinam essa situação, então, estaremos apenas atenuando seu sofrimento e contribuindo, diretamente para que nada se modifique. E isso é o mais perverso nessa realidade, pois muitas atividades de caridade nada mais fazem do que simplesmente acalmar pessoas, que eventualmente poderiam se revoltar com essa situação. Ou seja, ainda que não seja essa a intenção, a caridade acaba sendo um instrumento usado como lenitivo, para que o oprimido não se revolte com sua situação.

E, de forma igualmente perversa, temos um grande número de religiões que prometem paraísos em uma possível vida pós-morte. Ensinam que os fardos dessa vida são passageiros, e que o mais importante é aceitar com resignação tudo que se enquadre em sofrimento à espera do paraíso e compensação divina. A caridade, nesse contexto se insere como algo necessário para que as pessoas que optem pela religiosidade possam exercer os preceitos de amor das inúmeras religiões existentes. Como mero exemplo têm o fato de que Cristo citou em um de seus diversos ensinamentos que para visitá-lo era necessário ir aos presídios, hospitais, etc. E o cristão vai, então, em busca do combalido, para cumprir um dos preceitos do cristianismo. Entretanto, diante desse, não tem a menor empatia, e nem mesmo qualquer coisa de humanidade em relação ao seu sofrimento. Dá a esmola, o pão, o remédio, ou o que mais for necessário, mas o verdadeiro reconhecimento da humanidade e dignidade do outro não é sequer tangenciada. A caridade assim se enfeixa com a religiosidade e o resultante disso é o conjunto de atitudes que, na maioria das vezes, simplesmente desprezam a condição humana e de dignidade do combalido. Dá-se a ajuda ao desvalido, mas na quase totalidade das vezes, a condição humana de respeito à dignidade do combalido não é considerada.

Esse ponteamento é o mais sério e determinante de muita reflexão. O surgimento de uma parcela considerável da Igreja Católica, que procurou dar novos ditames a essa questão, se reuniu em torno do que foi chamado, de modo embrionário, de Teologia da Libertação. Ou seja, eram religiosos, que ao lado do trabalho de evangelização e de caridade, também propunham uma ação libertária a essa condição de opressão. E como não poderia deixar de ser, sofreram todas as formas de retaliação do conservadorismo religioso, que propõe sempre a evangelização acompanhada da caridade, sem qualquer reflexão sobre a desigualdade social, e as mazelas vividas por esses oprimidos. A imposição novamente do binômio, a vida eterna como recompensa a esses sofrimentos. E jamais uma vida digna e sem o cunho desumano da opressão social.

Os religiosos da Teologia da Libertação sofreram todas as formas de depreciação, sendo que alguns até sofreram a imputação papal do silêncio[13]. Ou seja, ficaram proibidos de escreverem e ensinarem publicamente conteúdos de religiosidade. Hoje existe, ainda, uma parcela considerada de religiosos, que procura trabalhar fazendo esse imbricamento de evangelização com reflexões libertárias. A denominação que os une na atualidade é Igreja Progressista[14], e isso faz com que se encontrem e lutem arduamente nesse ideal libertário.

Dias difíceis, muito árduos, pois os militantes da Igreja Progressista enfrentam o conservadorismo arcaico, que se arma de todos os instrumentos possíveis, para impor determinantes, nos quais a religiosidade mostra-se apenas, e tão somente, como variável de dominação dos poderosos. Tempos que nos remetem aos períodos das ditaduras militares na América Latina em que os religiosos, com as exceções de praxe, estavam perfilados ao lado dos algozes. E isso verdadeiramente é o mais indigesto, pois a busca da religiosidade acaba se tornando um antepasso para caminhos de resignação diante das atrocidades sociais cometidas contra os desvalidos.

E se adentrarmos ainda ao campo nefasto de algumas religiões, ditas evangélicas, teremos, então, algo mais contundente e indigno. Nessas religiões, vamos encontrar pessoas humildes, com parcos recursos materiais de sobrevivência, totalmente à deriva de pastores gananciosos. E que, sem qualquer pudor, simplesmente pedem generosas doações em troca do possível paraíso eterno. Temos, então, situações de

[13] Leonardo Boff é um exemplo desse arbítrio. Frei franciscano ele foi atingido pela imposição do silêncio. Renunciou à vida religiosa para poder continuar publicando e criticando as estruturas sociais da desigualdade. Dom Paulo Evaristo Arns, igualmente, é outro exemplo dessa condição. Ele, no entanto, continuou a ser religioso, mas se afastou das diversas atividades que exercia. Passou então, a ter raras aparições públicas, mas se manteve sempre como um exemplo a ser seguido na luta pelos direitos humanos e contra toda a opressão provocada nos desvalidos e combalidos até sua morte em dezembro de 2016.

[14] Ao lado do Pe. Julio Lancellotti, Frei Tarcísio, Irmã Chiara, homenageados na dedicatória e agradecimentos desse livro, também gostaria de prestar minha louvação aos Pe. Geraldo Nascimento, por sua vida dedicada em prol dos desvalidos e combalidos. Tenho como uma verdadeira dádiva o convívio e a partilha de experiência com essas pessoas tão especiais.

enriquecimentos abusivos, por parte desses pastores, sempre à custa das doações dessas pessoas humildes. E quase sempre, vamos ter nessa falsa pregação evangélica, a evocação da caridade, pois o desvalido sempre precisa do pedaço de pão, para não se revoltar contra as desigualdades sociais. Pastores enriquecidos à custa de contribuições advindas de pessoas que lutam pela sobrevivência básica, e que, no entanto, são iludidas nessa cantilena falsamente chamada de *dizimo da caridade.*

Sobre a Solidariedade

Mais valem mãos que fazem
do que lábios que oram...
(Madre Tereza de Calcutá)

A solidariedade contempla uma relação de simetria entre pessoas, entre semelhantes. Trata-se de situação em que, inicialmente, é preciso se reconhecer como humano e identificar-se no outro semelhante. Situações em que nossa humanidade se alterna na própria configuração de ajuda, em que o reconhecimento dessa condição é primordial para sua própria configuração. É frequente a observação de solidariedade diante de situações em que pessoas perdem casas e demais pertences em razão de tragédias urbanas. Mas é igualmente necessário que observemos a solidariedade nos pequenos gestos de nossa cotidianidade. Naquelas situações comezinhas em que alguém nos ajuda na troca do pneu furado do carro; nas ocasiões em que nos vemos perdidos em um lugar desconhecido e alguém nos direciona para o rumo desejado; ou, ainda, quando estamos desolados com a vida e temos a companhia e o ombro de alguém querido, que se solidarize com nossa dor; nas situações em que o coração esteja sangrando por luto ou dor, e temos a solidariedade de pessoas que se fazem presentes, sejam por um simples telefonema, mensagens virtuais, ou nos visitando, em situação presencial. E temos tantas outras situações de pequenos gestos, que mostram uma das mais lindas facetas da condição humana, a solidariedade, que seria praticamente impossível descrevê-la em sua totalidade. Impressão, que se tem, é que o ódio é mais fácil de ser descrito e compreendido. Parece ser necessária uma descrição constante e frequente de gestos de amor para que se possa ter como real sua presença, diante da coisificação vivida em nossa contemporaneidade

Erthal e Veríssimo[15] colocam que a condição humana revela que somos solidários. Tudo o que o homem faz interfere nos acontecimentos coletivos. O homem é ligado aos padrões de sua época e desempenha um papel, por sua própria aquiescência. A solidariedade se constitui na coragem de olhar de frente a interdependência entre as escolhas dos homens e aceitar a sua parte nisso. É dizer que esse aspecto da solidariedade sempre está presente nas relações humanas, e não apenas em situações de grande comoção emocional, como as catástrofes que eventualmente acometem algumas sociedades.

Merleau-Ponty[16] assevera que o sensível me restitui aquilo que lhe emprestei, mas é dele mesmo que eu o obtivera. Eu, que contemplo o azul do céu, não sou diante dele um sujeito acósmico, não o possuo em pensamento, não desdobro diante dele uma ideia de azul, que me daria seu segredo; abandono-me a ele, enveredo-me nesse mistério. É dizer que, nessa contemplação, me torno o próprio céu que se mistura a mim, recolhe-se e põe-se a existir para si. Então, minha totalidade se torna esse azul ilimitado. Esses fragmentos tornam a solidariedade algo que se funde ao nosso próprio ser em filigranas, que se desdobram para se fundirem em nossas vidas, diante daquilo que existe com nossa presença.

A vida em situação de rua, por outro lado, apresenta tantos aspectos contraditórios que analisá-la é se perder em devaneios. A cada pessoa confrontada com sua crueldade teremos um sem número de argumentos prós e contra a vida nessa perspectiva. E a abrangência desses dados não será suficiente, para que possamos definir como uma escolha em que, ao mesmo tempo se destrói pela crueza da rua, não se tem o enfrentamento da vida com seus inúmeros afazeres de trabalho, família e toda sorte de compromissos sociais. A solidariedade com os combalidos é por si um gesto que implica no ato de se estender a mão a quem, muitas vezes, já perdeu por completo sua crença na própria condição humana. E não se trata de demovê-lo dessa descrença, e sim de tentar resgatar o mínimo

15 "Sobre o amor, a paixão, o olhar e as relações humanas", Erthal, T. C. S.; Veríssimo, L. J. Curitiba: Editora Apris, 2015.

16 "Merleau-Ponty, .M., "Fenomenologia da Percepção", São Paulo: Editora Martins Fontes, 1999.

necessário de condições de sobrevivência, nesse emaranhado de dificuldades que é sua vida.

E se é fato que temos na contemporaneidade relações que se efetivam, apenas e tão somente, nas redes sociais, o mesmo se pode dizer sobre a solidariedade. Existe hoje um grande número de pessoas, que considera solidariedade apenas o gesto de compartilhar uma notícia, ou de simplesmente publicar alguma indignação contra os fatos nas redes sociais contemporâneas. É o que podemos definir como militância, ou então solidariedade virtual. Não existe nenhum comprometimento com fatos reais, apenas a presença virtual se faz necessária, para se justificar uma suposta participação social. E na medida em que essa militância virtual ganha corpo, o que temos é um número cada vez maior de pessoas, que postam eventos, denúncias e manifestações, que tudo se mistura de modo inextricável. E cada vez mais se torna difícil acompanhar o desenrolar dos acontecimentos, pois temos um sem número de informações, que em seu bojo trazem coisas pertinentes aos avanços e reclamos sociais.

Vivemos em uma era em que as informações são tantas e tão variadas que, praticamente, não temos como separar o que de fato importa. E se acrescentarmos que com os modernos recursos tecnológicos, praticamente, qualquer pessoa hoje dispõe em mãos de uma máquina que fotografa e filma tudo que acontece em seu entorno; temos então, uma quantidade de imagens imensuráveis. Dessa maneira tudo é registrado e divulgado on-line, no momento exato de usa ocorrência. E do outro lado, temos então um número absurdo de pessoas que compartilham essas imagens e torna tudo virtual, com a realidade sendo presenciada e vivida por poucos. Ocorre, então, uma total banalização tanto das imagens fotográficas, como das filmadas. Tudo se sobrepõe e o que se busca, com intensidade cada vez maior, é a novidade de imagens. Uma reflexão pormenorizada sobre esse processo, longe de ocorrer, está cada vez mais distante de qualquer convergência com os fatos propriamente ditos. E como agravante temos a constatação de que essa participação virtual é tão intensa e avassaladora, que não se pode sequer imaginar como isso tudo estará daqui a um período reduzido de tempo. E se considerarmos que os primeiros telefones móveis datam de cerca de vinte anos apenas, temos algo que assusta, se compararmos seu estágio inicial aos recursos disponíveis nos dias de hoje. A profusão dos mais diferentes aplicativos nos celulares permite que praticamente todas as informações necessárias, para que se busque desde refeições até relacionamentos afetivos, estejam ao alcance dos dedos. Isso, naturalmente faz dessa era algo que simplesmente sequer poderíamos conceber apenas algumas décadas atrás.

E, talvez, nesse ponto resida a grande questão envolvendo a solidariedade na contemporaneidade. Pois, se de um lado temos cada vez mais pessoas excluídas da vida em sociedade, por outro temos igualmente um número cada vez maior de pessoas, que acredita simplesmente, que postando ou compartilhando mensagens alheias, estão contribuindo para essas causas sociais. Ao contrário, cada vez mais, o que se faz necessário é presença real, olhares que possam acolher o desesperado. Mãos que possam acarinhar outras mãos, e acima de tudo, o gesto de partilhar solidariedade, fazendo com que o outro se sinta como semelhante, e não apenas um lixo lançado à margem da sociedade. A divulgação de imagens é importante, mas o essencial, na realidade, é a presença real. O acolhimento do choro com o abraço, que faz da vida algo que se transmite e se partilha na solidariedade.

Na realidade, falamos em solidariedade sem sabermos sequer das condições tecnológicas, que nos esperam nos próximos dias. Difícil imaginar como será o avanço desses recursos e o distanciamento cada vez mais célere das relações interpessoais. Impressiona ao se adentrar a um coletivo público, seja ônibus, metrô, trem etc. a quantidade de pessoas imersas em seus celulares, contatando com um sem número de pessoas em âmbito virtual, e totalmente distante das pessoas de seu entorno. Igualmente temos a repetição dessa ocorrência em qualquer restaurante, seja em comemorações familiares com seus membros entretidos em seus aparelhos, seja ainda em situação que poderíamos definir como namoro em que o casal mal se olha por estar absorto em mágicos aparelhos. E se consideramos que, entre as causas de acidentes automobilísticos, temos a presença acentuada de motoristas, que estavam distraídos por estarem absortos em sua realidade virtual, temos uma situação de difícil compreensão e até mesmo de prospecção futura. Absurdidade total!

E diante desse cenário, em que a realidade virtual se manifesta soberana, temos uma quantidade absurda de pessoas, em situação de rua, clamando por solidariedade. Pedindo por acolhimento, por amor e por gesto de humanidade em sua realidade.

A solidariedade é algo que nos deixa irmanados como se fossemos luzes ligadas à mesma fonte energética. Mesmo separados em nossas vidas estamos imbricados nessa união, que nos torna decididamente humanos. Um episódio antigo de minha vida ilustra essas colocações de modo único. Alguns anos atrás, estava em Belo Horizonte e completamente perdido, em busca de um logradouro. Parei o carro e perguntei para uma pessoa, que estava estacionada em um posto de gasolina sobre o lugar que buscava chegar. Ele me olhou, e certamente me identificou como sendo alguém de fora, e prontamente me disse que iria para próximo de lá, e que bastaria segui-lo que ele me deixaria onde desejava. Ao chegarmos, agradeci e ele seguiu seu caminho sem mais pormenores. Alguns anos depois, visitava minha mãe que morava próxima a Via Anchieta, estrada que leva às praias paulista. Estava no portão me despedindo dela quando um carro parou e pediu informações de como chegar à Via Anchieta. Ao me dirigir até o motorista, notei que as placas eram de Belo Horizonte. Imediatamente lembrei-me do episódio acima, e não tive dúvidas, falei para que ele me seguisse, que o deixaria na Via Anchieta. Então, alguém em Belo Horizonte teve solidariedade comigo, e agora, de certa forma, retribuía essa generosidade para alguém, que de alguma maneira tinha a ver com aquela cidade. Talvez os dois motoristas não se conhecessem; ou fossem até inimigos, nunca saberemos. A questão é que a solidariedade de um beneficiou ao outro, pela maneira como tudo está irmanado e interligado na vida. Ou, ainda, eu estava no Alto da Sé, em Olinda, quando me deparei com uma criança de cerca de 10 anos de idade e que esmolava junto aos turistas. Ao vê-la, perguntei se ela poderia me ajudar. Incontinênti, e sem qualquer vacilo, ela me fita e com os olhos brilhando diz que, se precisasse ele me comprava um cachorro quente. Na verdade, eu estava querendo saber da localização do Mosteiro São Bento, mas ela achou que a minha necessidade fosse fome. Marejei com aquele gesto tão espontâneo e maravilhoso. Agradeci a oferta do cachorro quente e perguntei do mosteiro. Então, prontamente e com detalhes me explicou como chegar até lá. Simples, e absolutamente emocionante esse gesto de solidariedade de alguém que pouco ou quase nada tem, mas reparte com quem julga necessitado.

Mas em momento que a tecnologia criou o GPS, a necessidade de se recorrer a alguém, para tentar esclarecer qualquer dúvida sobre um determinado trajeto virou algo surreal, diante da realidade virtual, que se sobrepõe ao contato humano. E como o próprio GPS tem voz de comando, que imita a humana, a questão de se buscar contato humano, fica cada vez mais cantilena de sonhadores. De pessoas que ainda buscam a solidariedade como forma de fazer com que não percamos nossas humanidades. Sonhadores, mas de fé inquebrantável na solidariedade humana como elo em nossas capacidades de acolhimento aos combalidos e necessitados dessa vida.

CAPÍTULO 3

ESCULTURAS E CASTELOS DE AREIA

Um sonho... uma leveza de azul...
Um baldinho de areia... e o sonho se faz vida...

(Valdemar Augusto Angerami)

Aqueles, que passaram pela experiência de construir esculturas e castelos na areia, aprenderam segredos, ao mesmo tempo simples e, paradoxalmente, complexos nessa arte. E, mesmo ao ensinar essa arte aos filhos e amigos, sabe que a simplicidade das coisas terá que ser observada para que a complexidade dessa arte não se perca. Assim, na construção e edificação de uma escultura ou castelo de areia, o artesão aprende que, além da areia seca, é necessário um tanto de areia molhada para sedimentação dessa construção. As formas poderão ser obtidas com o auxílio de pedaços de madeiras, plásticos, etc. Mas a sedimentação dessa construção se dará pela junção das areias secas com as molhadas. Algo simples e ao mesmo tempo bastante complexo, pois a medida das porções necessárias das diferentes areias é dosada, milimetricamente, pelas mãos do artesão, sem qualquer instrumento de medida. Tal qual se faz no ensinamento de uma receita de bolo, quando se estabelece, por exemplo, dosagens como duas colheres, ou duas xícaras dos diferentes elementos, que a irão incrementar.

E, quando observamos as verdadeiras obras de arte, que se faz na areia ficamos perplexos e até mesmo incrédulos, sem alcançarmos os detalhamentos das misturas dos ingredientes dessa criação. E a primeira constatação é a de que, algo que seria uma simples distração infantil, ganha contornos artísticos imensuráveis. E por assim dizer podemos afirmar que a vida em sociedade se assemelha a esse ritual. Não se pode conceber os experimentos realizados para que se chegasse à conclusão de cozinhar os grãos de feijão e arroz, por exemplo, para que adquirissem consistências comestíveis. Igualmente, não se consegue imaginar o que foi necessário, para que o homem descobrisse como provocar o fogo depois de observar um raio provocando incêndios em uma vegetação. Seguramente, foram inúmeros e incontáveis experimentos até que se chegasse a fórmulas, que permitissem tais conquistas. E o que as crianças fazem, na realidade, ao construírem esculturas e castelos de areia nessa forma de experimentação é a reprodução dessa condição experimental de buscas e realizações inerentes à condição humana.

Coisas simples, que serão amalgamadas entre si, para dar sentido a própria vida. E, se, em dado momento, essas coisas simples são consideradas como complexas é a própria racionalidade contemporânea, que tinge os fatos dessa maneira. O pouco que é dado ao semelhante, sempre tem uma dimensão maior do que o simplesmente observado. Às vezes, um simples *bom dia* pode ter o poder de estabelecer uma situação de bem-estar ao interlocutor, que não conseguimos sequer avaliar, quando da emissão desse cumprimento tão simples e trivial.

Nessa situação de total coisificação em que se encontra a maioria das relações interpessoais, certamente cumprimentar alguém com um simples *bom dia* pode dar uma situação de humanidade, tanto para quem emite o cumprimento, como para quem o recebe. E o mais incrível é que, além de nos tornar mais humano, esse simples gesto se torna algo revolucionário, face principalmente a coisificação vivida na contemporaneidade.

Simples assim!

E, ao mesmo tempo, complexo, por nos inserir em uma posição contrária à coisificação da contemporaneidade. É parte dos pequenos gestos, que simplesmente se tornam complexos para uma mudança social mais ampla, pois implicam em mostrar nossa humanidade e essa necessidade de solidariedade que nos é intrínseca. Não podemos jamais perder de parâmetro, que o grande rio que atravessa planícies, planaltos em seu início, é um simples filete de água, e que, em seu esplendor maior ,continua a ser um conjunto incalculável de filetes de água. Assim como o maior dos livros foi escrito letra por letra, linha por linha e página por página. E que o tempo, senhor implacável de tudo, caminha segundo por segundo[17]. Isso vai se perdendo de modo inexorável em nossa vida,

[17] "Breve reflexão sobre as atitudes do profissional da saúde diante da doença e do doente", Angerami, V.A., in "Psicossomática e suas interfaces", Angerami, V.A., (org.) São Paulo: 2013, Cengage Learning.

e verdadeiramente nos atropelamos em busca de grandes realizações, perdendo simplesmente o parâmetro de que essas são verdadeiramente o conjunto de pequenas e simples realizações. Talvez esse seja mesmo o grande desafio da contemporaneidade, com tantos estímulos trazidos pela tecnologia, ater-se aos pequenos detalhes, que nos circundam a vida e dar a eles a devida importância. Saber que, de cada pequeno detalhe, teremos a construção de coisas grandiosas, ou ainda, o constitutivo de tudo o que preconizamos como uma sociedade justa e fraterna.

A própria velocidade, como as informações são passadas na atualidade, e que torna tudo praticamente superficial, tenha criado também nas realizações humanas algo semelhante a isso.

Vivemos uma era, como dissemos anteriormente, em que as relações interpessoais se tornaram, em sua grande maioria, apenas e tão somente virtuais. Momento em que, a cada dia, temos que buscar em nossa própria humanidade, forças para não sucumbirmos a esse universo virtual, que nos reduz a meros elementos constitutivos de uma tecnologia simplesmente avassaladora. O mais incrível nisso tudo é que precisamos constantemente ser alertados, que continuamos humanos, apesar dessa tecnologia que nos lança de modo irreversível nesse universo virtual.

Vejo, consternado, que muita militância política é apenas e tão somente virtual. Alguém posta nas diferentes redes sociais algo sobre participação, ou mesmo indignação diante de um fato e até ocorrências desestabilizadoras, e as pessoas acreditam que fizeram sua parte, em termos de militância política, dando seu *curtir*. Falar, então, de algo como esculturas e castelos na areia, praticamente é surreal. O que temos hoje é um sem número de jogos eletrônicos, que tornam fascinantes e praticamente reais disputas bélicas, jogos de futebol, corridas de automóveis, etc.

Dar ênfase ao simples, ficou como um sonho ilusionista de algumas poucas pessoas, que ainda insistem em acreditar na condição humana. Tudo é insano, nessa volúpia contemporânea, em que os estímulos que surgem à nossa frente nos transformam e nos dragam de maneira impiedosa. E nunca é demais lembrar, apesar de tudo, e mesmo diante de tudo, continuamos sendo humanos. Pessoas em que a humanidade ainda insiste e persiste.

O consumismo que nos transforma em pessoas que têm algum valor apenas e tão somente, quando consome, ceifa nossas vidas impiedosamente.

Basta por exemplo, uma simples observação à população idosa. Quando se constatou que ainda eram consumidores em potencial, seja no consumo de remédios específicos para a idade, seja ainda em viagens de lazer, houve toda uma movimentação de diferentes formas de marketing, para conquistar essa fatia de consumo. Ao se tornarem uma população, que ainda consome, passou a receber deferências, que não estavam mais nas searas de suas vidas. O consumismo, que hoje contempla absolutamente todas as fases da vida humana, se expande nessa abrangência de modo irreversível. E valores como simplicidade, humildade vão se tornando rarefeitos, diante dessa avalanche de necessidades que nos é imposta de modo assustadora.

São cada vez mais frequentes, movimentos em que a principal determinação é justamente a evocação da necessidade de resgate do simples. Da necessidade de se conversar olhando nos olhos do interlocutor; de tomar a mão de seu filho e sair pelas alamedas da vida. E de, ao invés de dar um novo joguinho eletrônico para seu filho, seria muito mais importante a construção de um simples e maravilhoso castelo de areia.

Da Ilusão...

Valdemar Augusto Angerami

Somos dor, prazer, sofrimento...
Alegria, paixão, gozo, dor, prazer...
Somos espasmos de esperança...
De encantamento de fé, de incredulidade,
de luz, trevas e de morte...

Um dia escuro de chuva, de tempestade...
Um dia azul de Sol, de deslumbramento...
A incerteza da dor e da doença...
A leveza de um toque suave na pele.
E o amargor de um diagnóstico irreversível...
O gozo, a dor, a morte, a alegria e a incerteza...

Uma noite estrela cintilando harmonia
sobre as catedrais, acima da vida...
Uma manhã com a Lua espreitando no céu
azul o fulgor do Sol... A chama da vela que
iluminou a escuridão da noite e que
desaparece na luz do Sol...
A certeza da fé que anima o desesperançado
e que desaparece diante do gosto amargo de fel...

Um dia propagamos sonhos e ideais
Em outro amanhã, arrancamos a flecha que
fere o peito na desilusão e no amargor...
Um dia conversamos com os anjos e
acreditamos em suas mensagens...
Em outro instante, constatamos a farsa
dos efeitos dos antibiótico em nosso organismo

Vivemos em paz com a nossa esperança...
Nossa consciência... Nossa luta...
Somos o nada... E acreditamos em tudo...
Desde as coisas mais simples e singelas
Até as mais absurdas e dantescas...

Serra da Cantareira, numa manhã azul de Inverno...

CAPÍTULO 4

NA MADRUGADA

O Olorar dos craveiros na madrugada...
E ao longe a névoa acolchoando as montanhas...
(Valdemar Augusto Angerami)

Na Mata

O som do silêncio da mata na madrugada...
E o farfalhar das folhas... Essa é magia da vida
(Valdemar Augusto Angerami)

Em trabalho anterior[18], relatamos os desdobramentos de uma caminhada, em plena madrugada, pela mata na Serra da Cantareira. E todo o fascínio, que tenho em andar pela mata na madrugada, é descrito em detalhes e peculiaridades de seus desdobramentos. O frescor da madrugada e o contorno das montanhas exibido pelo luamento é algo que só pode ser vivido, jamais descrito. Sentir o olorar dos craveiros pela madrugada com névoa tocando a pele, ao mesmo tempo em que percebemos o orvalhar acarinhando a flora em toda sua dimensão. A madrugada na mata traz um mistério, que não se pode definir por palavras, pois é algo sentido e que se modifica a cada vez, em novas empreitadas e em situações até mesmo semelhantes, e até mesmo assemelhadas. E junto com esse mistério ocorre também a insegurança e o medo pelo desconhecido. Os bichos que se movem

[18] "Paradoxo, angústia e psicoterapia", Angerami, V.A., in "Angústia e Psicoterapia", Angerami, V.A (org.), São Paulo: Pearson Learning, 2014.

pela noite e que são ausentes no dia; as transformações climáticas que junto com o frescor da madrugada exibem nuanças, que não estão presentes no dia. A coloração multi-tonal da vegetação e que o luamento mostra em detalhes, que só a noite pode exibir, é fascínio indescritivelmente maravilhoso.

Sempre digo, que uma das coisas que me faz feliz, é justamente morar na mata e próximo a São Paulo. Situação privilegiada, pois ao prazer de caminhar pela madrugada na mata, tenho também o prazer de caminhar na madrugada, por São Paulo. Esse prazer da madrugada na mata descortina mistérios e nos cobre a alma de uma ternura e fascínio pelo próprio mistério presente em seus segredos e detalhamentos.

Faço minha caminhada matinal, como parte dos condicionantes necessários para uma vida saudável e que preserve, minimamente , as condições vitais. Mas o prazer de caminhar pela mata, aquilo que faz o coração pulsar em alegria e ânsia, ocorre na madrugada. No meio da madrugada com a coruja piando; com o farfalhar das folhas mostrando os pequenos bichos, que fogem diante da nossa aproximação e buscam proteção em outras árvores ou arbustos. Evidente que isso tudo é verdadeiramente fascinante em noites claras em que o luamento nos ilumina os caminhos e os detalhes da mata em exuberância. A madrugada na mata é uma opção feita em busca do fascínio por esses detalhamentos, por essa vida que pulsa e que se mostra apenas nesses momentos. A algazarra dos pássaros tão forte no dia, e principalmente no amanhecer, inexiste na madrugada. E, certamente, um dos sons mais característicos da mata, no dia, são as centenas de espécie, que fazem de seus cantos algo simplesmente magnífico. Os pássaros na madrugada se recolhem ao silêncio, à espera do dia. E, na madrugada, não sabemos de seu paradeiro, uma vez que sempre estão envoltos nas galhas de árvores e arbustos. Outros sons de bichos que são notívagos, e que ao contrário dos pássaros, se recolhem quando surge o dia. E tudo isso faz com que um mistério nos envolva de modo pleno, sem que possamos sequer defini-lo, ou mesmo tocar suas dimensões e contornos. A madrugada na mata é simplesmente fantástica, ou mágica em que pesem os possíveis riscos e perigos trazidos pelo desconhecido, representado pela escuridão. Caminhar pela madrugada é trazer o mistério da mata para dentro de si, e tornar-se parte indivisível dessa magia.

Na cidade

A vida da cidade pulsa na madrugada...
É vida que mostra cor e matizes de vida e amor...
(Valdemar Augusto Angerami)

Andar pelas ruas de São Paulo, nas madrugadas, é igualmente algo fantástico. Sempre que me ausento em viagens, o meu retorno é marcado por longos passeios nas madrugadas. Ver as pessoas pulsando vida na Av. Paulista, baixo Augusta, Praça Roosevelt e outros tantos logradouros em que a concentração de pessoas supera até mesmo o número presente em muitas cidades, no período do dia, é simplesmente indescritível. Tantas pessoas circulando pela vida, no período em que grande parte da cidade adormece. Bares e calçadas repletas de pessoas, em busca de vida. Em direção ao dia que irá nascer depois desse afã de busca e de atenuante do sentimento de solidão e vazio que assolam a alma humana. E, mesmo em viagens nacionais e internacionais, o que mais me fascina nos lugares, que visito, é a vida da madrugada. A pulsão de vida que palpita nesses cantos de modo único, retratando as peculiaridades de cada local. Algumas cidades para mim praticamente perdem seus encantos diante da impossibilidade de se viver a madrugada. Cidades, por exemplo, como Maceió, Recife, João Pessoa e Natal que de tão violentas tornaram proibitivos qualquer passeio noturno, para mim igualmente se tornam locais sem magia. Ao contrário de algumas cidades argentinas, em que a vida na madrugada pulsa com tamanha intensidade, que nos inebria de modo irrebatível.

Em São Paulo, a vida na madrugada é algo que as palavras não conseguem definir e sistematizar. Mas o que verdadeiramente destoa desse cenário onírico, é a quantidade de pessoas amontoadas pelas calçadas e viadutos a dormirem, diante da quase total indiferença dos transeuntes.

De um lado, pessoas transbordando alegria e vida pela possibilidade de transitarem pela madrugada. De outro, pessoas que se encontram à deriva da vida, lançadas à própria sorte, em um cruel processo de exclusão social. De pessoas cujas vidas possuem enredos de sofrimento, que às levaram a estado de abandono e de total marginalidade.

A pulsão da vida na madrugada contrasta de modo cruel com as pessoas que se aglutinam embaixo de viadutos, pontes, marquises em busca de proteção aos perigos da noite. Pessoas que fazem das ruas o local de suas vidas, de perambulação em busca de condições mínimas de sobrevivência. De uma situação em que a dignidade humana se esvai em cada quina de construção, em que corpos se escondem embaixo de cobertores, em busca de proteção do tanto do frio, como da própria exposição diante dos transeuntes que perpassam pela cidade.

A madrugada que traz o fascínio da grande cidade reluzente em muitas luzes e com quantidades enormes de pessoas em suas ruas, é a mesma que traz temor e perigo para as pessoas em situação de rua. De uma violência que os espreita a cada momento, seja de outras pessoas igualmente em situação de rua, seja ainda de ratos e outros tantos animais notívagos a buscar seus restos de alimento. Essa presença de seres tão repugnantes junto aos humanos na madrugada é, sem dúvida, uma das coisas mais inacreditáveis que podemos conceber em nossas reflexões. O modo como essas pessoas em situação de rua convivem com esses animais é algo muito insólito, pois o que se verifica é que seu sofrimento, de tão dilacerado, ignora tais presenças, como se isso fizesse parte de suas vidas de modo indissolúvel.

Vidas que sofrem uma exclusão social tão brutal, que a presença desses animais perde importância e até mesmo dimensionamento. A agressão sofrida pela situação da rua faz com que a convivência com tudo que cerca tais realidades seja, simplesmente, parte de suas vidas. Ratos, agressões dos agentes municipais em ações higienista, violência cometida por outros cidadãos, ou mesmo a simples permanência em áreas de risco, tudo, absolutamente tudo, é incorporado como fazendo parte de suas realidades. Isso tudo está presente na vivência com pessoas em situação de rua. E seu acolhimento implica necessariamente em considerarmos essa realidade, em todo seu detalhamento, para que nossa intervenção não se perca em algo sem intencionalidade precisa, e que abarca todo esse entorno.

CAPÍTULO 5

A VIDA NAS RUAS

Podemos até não lembrar quem compartilhou nossa alegria...
Mas jamais esquecemos quem chorou diante da nossa dor...[19]

(Valdemar Augusto Angerami)

[19] "Sobre a Dor", Angerami, V.A., in "Psicossomática e a Psicologia da Dor", Angerami, V.A., (org.) São Paulo: 2013, Cengage Learning.

A vida nas ruas se processa nesse mesmo formato de experimentação, com as pessoas buscando em diversas situações, condições que lhes permita sobreviverem em realidades tão adversas. A Cracolândia será descrita à parte, pois, embora também se constitua uma situação de rua, possui características muito específicas, que a fazem com uma realidade própria e inerente à sua especificidade.

As pessoas em situação de rua são aquelas que foram excluídas da vida em sociedade. Sejam por motivos familiares, empregatícios, migratórios, etc. Formam uma sociedade de excluídos e se tornam assim, como a definição cunhada pelo Pe. Júlio Lancellotti, *refugiados urbanos*. Uma simples observação a essas pessoas mostra que elas procuram se adaptar a tais circunstâncias, para a garantia de um mínimo de sobrevivência. Um agrupamento pode estar sob um determinado viaduto e observá-los indica a reprodução de uma casa, com alguma poltrona velha fazendo às vezes de uma sala e dois blocos em justaposição, com fogo para servir de fogão. São improvisos, que mostram como essa realidade tão ácida, foi determinante para que esses utensílios fossem buscados nesse simples afã de sobrevivência.

Pessoas que insistem em sobreviver, apesar de toda a exclusão de que são vítimas. De uma vida que pulsa e tenta se tornar realidade, em que pese fazerem parte de uma sociedade, onde o neoliberalismo apenas aceita aqueles que sobrevivem aos seus critérios de meritocracia.

Temos hoje, nessa realidade de pessoas em situação de rua, famílias cujas crianças frequentam escola, e até mesmo a presença de membros que trabalham. A perversidade de nosso sistema econômico determina, que apesar de trabalharem, não possuam condições de moradia digna. E mesmo um olhar mais apurado para favelas e casas em situação de palafita, como encontramos principalmente no Nordeste e Norte do país, ou ainda em barracos construídos sobre morros, temos a constatação de que definir tais habitações como casa ou residência é mera tentativa de se escamotear a realidade.

Além da própria realidade da rua, o que mais me choca, é quando vejo argumentos afirmando que essas pessoas estão na rua por comodismo. É não saber o que significa a noite na rua. Basta se observar que elas, quando possuem carrinhos para recolher lixo reciclável, os mantém acorrentados, para que não sejam roubados. Ou, ainda, a quantidade absurda de ratos, que circula por onde dormem essas pessoas, atrás de restos de comida. E até mesmo a violência existente nas ruas, derivada principalmente da ingestão excessiva de álcool e outras drogas. É só andar pelas ruas nas madrugadas, quando o frio açoita até a alma, para ver como essas pessoas se protegem com pequenos pedaços de papelão e parcos cobertores. Nessas noites, quando voluntários caritativos levam cobertores e agasalhos para que essas pessoas não sucumbam ao frio, a questão da exclusão social é, ainda mais, gritante. Certamente, a imagem de que são pessoas e não apenas dejetos, largados ao largo das vias urbanas, se fará predominante. E se acrescentarmos ao frio a chuva, em combinação por demais frequente, temos um cenário em que toda e qualquer reflexão sucumbe diante da realidade nua e crua enfrentada por essas pessoas.

Enfrentar frio e chuva com pedaços de papelão e poucos cobertores, e acotovelados, embaixo de marquises e viadutos, faz com que, qualquer análise que não considere esse sofrimento, seja simplesmente inócua. Inócua e desprezível. Ainda assim, temos em diversas esferas sociais, todos os tipos de críticas e análise, que consideram as pessoas em situação de rua, apenas e tão somente, párias, que se recusam a enfrentar as adversidades da vida.

Interessante é observar, que os críticos da realidade das pessoas em situação de rua, com exposição a toda a sorte de violência, desde ratos, agressões e toda a sorte de intempéries, são justamente aqueles que mais têm suas residências protegidas das várias possibilidades de violência. E, verdadeiramente, também me situo nessa sandice, pois escrevo sobre essa realidade terrível das pessoas em situação de rua, em uma noite muito fria e chuvosa, mas na minha sala, sob o fogo da lareira, ouvindo Debussy e tomando vinho francês, com nacos de queijo, embebido no azeite. Protegido do frio, e assumidamente fazendo parte de uma realidade distante, de modo abismoso, dessa que descrevemos. E, apesar de convivermos, em alguns momentos preciosos, de ajuda e partilha de emoções e sentimentos, estamos, sim, equidistantes da verdadeira realidade de sofrimento experimentada por essas pessoas, em situação de rua.

Um amigo, diretor de teatro, quando está à frente de peças infantis, conta que é obrigado a ficar atento às manifestações climáticas. Acompanha, atentamente, as previsões acerca das possibilidades de frio e chuva. E, quando o sábado e o domingo amanhecem dias de frio e chuva, ele fica exultante, e sabe que terá casa cheia, pois os pais preferem levar os filhos a um teatro, a expô-los em ambientes abertos de parques e jardins. Igualmente, quando vejo dia chuvoso, sempre penso em como essas pessoas em situação de rua estão lidando com essa situação, principalmente, diante de dias de chuva muita intensa e sem intermitência. Nessas circunstâncias, o que sempre me ocorre é imaginar como estarão suas condições de sobrevida, uma vez que estarão com muita dificuldade, e até mesmo impossibilitados de saírem com suas carroças, em busca de objetos recicláveis para venda, ou mesmo de irem atrás de sobras e restos de comidas, pelos restaurantes da cidade.

O que ocorre, inicialmente, quando as consideramos como pessoas que estão passando por dificuldades extremadas, o que nos salta aos olhos é a maneira de gratidão que elas demonstram, a qualquer gesto mínimo que seja, de afeto e acolhimentos. Indescritivelmente, emocionante!

Igualmente emocionante, e decididamente algo que a repetição não me cansa, é ver, quando essas pessoas em situação de rua possuem seus cães de estimação. O que pouco têm para sobrevivência é partilhado com esses seres, igualmente indefesos. E, uma das coisas mais surpreendentes é constatar que o hospital público para cães de São Paulo recebe, principalmente, pessoas em situação de rua, que levam seus cães para cuidados médicos e vacinas. Atribuir a esse processo de exclusão urbana uma simples afirmação de que sejam pessoas acomodadas, que preferem as ruas ao enfrentamento de outro tipo de vida, é de um simplismo revestido de total alienação.

A vida na rua apresenta um teor de sofrimento tão exacerbado, que toda e qualquer reflexão acadêmica se esvai, na simples circunstância do distanciamento desses universos tão paralelos e excludentes entre si. Ouvi de uma mulher em situação de rua, na Praça da Sé, em certa ocasião, algo que sintetiza muito bem essa discrepância. Disse ela que não era possível saber o que era ter fome, e simplesmente ficar à espera que alguém eventualmente, traga algo para se comer. Ou, que alguma alma caridosa dê algum dinheiro, para poder comer. Verdadeiramente, essa realidade é tão distante da nossa, que o depoimento nos deixa, de início, estarrecido por seu dimensionamento, e, na sequência, pasmados, por ser uma realidade de centenas e milhares de pessoas, que se amontoam nas ruas.

E, o que verdadeiramente acontece de mais estarrecedor, na observação dessa situação de rua, é justamente não conseguirmos sequer alcançar os detalhamentos, que criam para a própria sobrevivência. Vidas arrasadas com histórias comoventes e que além de nos dilacerarem o coração, ainda nos mostram que a linha que nos separa de tragédias semelhantes é sempre muito tênue. Desilusões amorosas, perda de emprego, situações migratórias, luto e tantas outras situações, que não existe situação inerente à condição humana, que não esteja contemplada nessas pessoas, que gravitam insolitamente pelas ruas. E isso tudo agravado com a entrega ao álcool e outras drogas. É como se as agruras da rua não fossem suficientes, as diferentes formas de drogas se tornam adereços, indissoluvelmente imbricados. É fato que podem existir pessoas que estejam nas ruas e que não estejam entregues a algum tipo de droga. Mas isso, se ocorrer, certamente, será a exceção para configurarmos a regra em si.

Um dos meus grandes prazeres é, justamente, andar por São Paulo na madrugada, depois de cinema, teatro, jantar, ou simplesmente, depois da companhia de amigos, em bate-papos agradáveis. E andar na madrugada significa, também, ver a quantidade absurda de pessoas, que dormem nas calçadas, protegidas apenas por ralos cobertores, e totalmente à mercê de ratos e outras formas de violências acobertadas pela noite. É comum ver os carrinhos com que muitas dessas pessoas, ao longo do dia, procuram por papelão e outros materiais recicláveis, acorrentados em junto aos seus corpos. E também a proximidade de outros companheiros, como que a se fortalecerem, por estarem em grupo. Evidentemente, que isso tudo ocorre em total distanciamento com qualquer cuidado dos governos, tanto estaduais como municipais. Situações existem em que as condições climáticas mostram que sua severidade é detalhamento, para que essas pessoas merecessem ao mínimo, acesso a eventuais abrigos, outras formas de proteção noturna.

No momento em que escrevo essas linhas, estamos em uma noite muito fria e com muita chuva. Uma chuva que açoita a cidade impiedosamente, a vários dias. O termômetro aqui de casa, embora não seja de todo fidedigno, marca 8° de temperatura. E o meu pensamento absorto nos estalidos da madeira sob o fogo da lareira da minha sala, me remete justamente à situação dessas tantas pessoas, que estão totalmente desamparadas à mercê da própria sorte, e sem qualquer proteção dos órgãos governamentais. Os únicos amparos, geralmente, são de entidades religiosas, que levam sopa quente, ou ainda os recolhem em suas casas de abrigo.

A vida na rua é por demais cruel, com tantas atrocidades acontecendo sob os nossos olhos. Impressão que se tem é que essas pessoas jogadas ao longo das ruas, marquises, viadutos, fazem parte do cenário de sujeira das grandes cidades, e não merecem qualquer consideração, a não ser a de que são dejetos, que igualmente precisam ser removidos para a limpeza da cidade.

A consciência de que essas vidas foram excluídas da competição social, em que o neoliberalismo impõe normas de meritocracias, simplesmente absurdas, é algo que, a maioria das pessoas, não consegue sequer atinar. E, quando ouço comentários de que essas pessoas estão nas ruas por uma escolha pessoal, ou apenas por comodismo, simplesmente meu ensandecimento, muitas vezes, me impele a atitudes com as quais não me reconheço. Na verdade, o que seria necessário, diante desses comentários, é a articulação de argumentos políticos e sociais, que demonstrassem a perversidade desses enredos. E, na verdade, temos ainda como agravante os comentários de algumas pessoas reencarnacionistas, que chegam ao ponto máximo de absurdidade ao afirmarem que isso tudo não passa de uma escolha de seus carmas, para essa vida. Incrédulo, diante desses argumentos, sempre me aquieto, pois isso tudo, na verdade, faz parte de uma engrenagem alienante, que prefere citar carmas a refletir sobre a perversidade de nosso sistema socioeconômico.

A excludência promovida pelo neoliberalismo econômico é algo tangível, em diferentes níveis. E uma de suas facetas mais cruéis, certamente, é o alijamento de pessoas das condições de trabalho, e até mesmo de condições de sobrevivência digna e humana. Modelo econômico em que as pessoas são consideradas apenas como números, e jamais como sere,s que necessitam de dignidade e respeito à sua condição humana. Quando se diz, por exemplo, que uma determinada empresa adotou uma nova administração, e que com uma visão mais moderna promoveu um enxugamento na máquina administrativa, promovendo o corte de inúmeros postos de trabalho, o que se diz é apenas uma relação numérica, que envolve custos e benefícios. Pois, ao contrário, se tomarmos qualquer uma dessas pessoas que perdeu seu posto de trabalho, e tentarmos entender sua realidade de vida, então veremos uma família, que, em sua totalidade, dependia desse trabalho para sua subsistência. E que essa pessoa, que agora está desempregada, será apenas um ser humano desesperado, em busca de condições, para continuar a prover a subsistência de sua família. Os números apresentados, para subsidiarem uma administração como moderna e inovadora, não contemplam dignidade humana, nem tampouco qualquer outra coisa, que não a visão mercadológica imposta pelo neoliberalismo econômico. E nesse diapasão, diariamente milhares de pessoas são atiradas às raias do desespero, imposto pelas adversidades econômicas. E o que temos, então, é a degradação dessas pessoas, em termos daquilo que poderia ser considerado uma vida digna. Inicialmente, essas adversidades levam ao corte de inúmeros quesitos básicos de sua cotidianidade, até culminar na perda de moradia e outras tantas coisas mais.

A população em situação de rua é algo cuja complexidade está a demandar uma sensibilidade maior, tanto do poder público como das diferentes áreas sociais, que direta e indiretamente se afetam com a questão. O que verdadeiramente precisa ser estancada é essa visão simplista, que confere a essas pessoas, uma situação de resignação totalmente distante de sua realidade.

Pois, uma simples análise a tantas vidas atiradas a essa condição, encontrará vidas e mais vidas, que estão despedaçadas pela excludência social em primeira instância, e posteriormente, pelo aniquilamento de toda sua dignidade, em razão de todas as intempéries enfrentadas nas ruas.

Alguns anos atrás, caminhava por uma rua do centro de São Paulo, quando fui abordado por um homem, bem trajado com terno cujo corte denotava cuidados de alfaiate próprio. Ele me pergunta entre dúvida e ansiedade, "o senhor é o Dr. Angerami?!". Respondo, afirmativamente, e ele pergunta se não estava lembrado de quem ele era. Doce ilusão, pois, com a minha péssima memória, isso é totalmente insano, principalmente para fisionomias. Não lembro sequer de pessoas que conheci em situações recentes, imagine então, coisas mais distantes. Diante da minha perplexidade, ele evoca um antigo réveillon, passado à quase trinta anos. E, com os detalhamentos que foram sendo desfiados, a situação foi se configurando em meu campo perceptivo.

Na ocasião, trabalhava em uma instituição a OAF – Organização do Auxílio Fraterno –, que prestava atendimento e ajuda às pessoas, que se encontravam em situação de rua. E no réveillon citado por esse interlocutor, estava junto com a Madre Fortunata, verdadeiramente, um anjo guerreiro. Abordei, em uma das muitas quinas de rua, um homem, que chorava copiosamente e sequer tinha condições de falar. Fiquei com ele, um bom tempo, até que teve alívio em seu choro, e agradeceu pelo acolhimento. Nada falou, apenas agradeceu, e disse simplesmente que a minha presença havia sido muito importante, naquele momento. Despedimos-nos, e continuamos nossa ciranda noturna. Esse homem, agora bem trajado, era aquela pessoa em situação de rua, daquele réveillon. Fiquei surpreso até mesmo pelo fato de ele ter me reconhecido, tantos anos depois. E ele, então, detalha pormenores de sua vida. Diz que, naquele momento de rua, estava desesperado, pois havia sucumbido no mundo empresarial, e também tinha sido abandonado pela esposa. Não tinha mais nada, nem mesmo contato com os filhos. Naquela noite, disse que estava próximo ao suicídio. Estava configurando a viabilização de sua morte, quando chegamos. E seu choro nada mais era a constatação de que apesar de tudo, ainda havia solidariedade. Naquele momento, acreditou que poderia se reerguer e voltar a lutar. Ouvi incrédulo, pois, como citei anteriormente, apenas fiquei ao seu lado, enquanto ele chorava.

E, nesse encontro, ele, que agora estava muito bem financeiramente, se propôs a ajudar, tanto em termos materiais, como também em participação efetiva, nesse trabalho junto às pessoas em condições de rua.

E assim procedeu. Também configurou aquela afirmação que diz que as flores mais belas são as que nascem e crescem na adversidade.

Vidas com seus enredos emparedados na luta pela sobrevivência, e que simplesmente, são excluídas até da observação das pessoas, em geral. Uma das coisas mais frequentes é absurdamente constatar o tanto de pessoas que passam diariamente por um determinado local, e sequer percebem a presença daquelas pessoas amontoadas sob viadutos, pontes, avenidas, etc.

Outra coisa igualmente estarrecedora, na questão das pessoas em condições de rua, é o fato de que são observadas, e nessas circunstâncias se tornam estorvos apenas, e tão somente, se em seu entorno houver cheiro de urina nas paredes e quinas de construção. Pois, a urina, depois de um tempo sob o Sol, e com o acúmulo trazido por dias, meses contínuos, torna o local simplesmente insuportável, em termos de odor. Daí, sim, essas pessoas são observadas e odiadas pelo transtorno provocado por seus dejetos. Pessoas que se misturam a esses dejetos e se transformam, diante do olhar de outras pessoas, igualmente em escatologias sociais, que precisam ser eliminadas sob qualquer pretexto e circunstância.

Algo realmente abominável nessa questão é que, de maneira geral, as pessoas em situação de rua são consideradas apenas, e tão somente, como dejetos a depreciarem principalmente, os centros das grandes cidades. O que não se percebe, e sequer se aborda, nem mesmo tangencialmente, é o fato de que tais pessoas apensas representam a exclusão de uma sociedade cuja economia é neoliberal. Pessoas que são atiradas às raias do desespero, por não conseguirem se adequar, nem tampouco acompanhar, os ditames desse modelo econômico. São vistas apenas como alcoólatras, drogados e tantas outras denominações, que lhes são atribuídas. Jamais como pessoas, que sofreram um cruel processo de exclusão, ao qual não conseguiram, minimamente, responder.

Uma situação de total descalabro da dignidade humana, promovida por um capitalismo cruel e excludente. Entretanto, insistimos em considerá-los, muitas vezes, até mesmo como portadores de alguma psicopatia por esse tipo de vida. São tantas variáveis incidindo sobre uma pessoa, que, ao definirmos uma conceituação sobre seu comportamento, certamente estamos estabelecendo um reducionismo simplesmente empobrecido de qualquer fundamentação teórica, filosófica e mesmo social. E o que é ainda mais triste, essa realidade é simplesmente desprezada por nossos governantes, pois são apenas dejetos humanos, infestados de restos de comida, muitas vezes, inclusive são pedintes e que precisam ser removidos das ruas, para limpeza das áreas urbanas. E quando se aplica o conceito de pedintes, a coisa fica ainda mais complexa, pois, nessa categoria, junto com a população em situação de rua, temos também aqueles que se aproveitam da generosidade alheia, para esmolarem fazendo disso um meio pérfido de sustentação. É comum se presenciar crianças esmolando, tendo adultos supervisionando e decididamente explorando, tanto a fé alheia como a situação dessas crianças. As diferentes situações de violência presentes nas ruas, são simplesmente indescritíveis. Facetas múltiplas de uma mesma truculência, que atinge essas pessoas de modo diversificado, em variações determinadas pelas circunstâncias de suas situações de sobrevivências.

E se considerarmos, ainda, a própria fragilidade da vida humana, em que uma simples queda pode provocar desde fraturas, paraplegias e outras tantas consequências, temos, então, a realidade das ruas como sendo algo em que isso está configurado, no limite máximo da precariedade da condição humana. Isso explica porque o número de idosos nas ruas, embora existente, é pequeno, em relação aos outros segmentos dessa população. A combinação das dificuldades da vida em situação de rua, somada à ingestão excessiva de álcool e outras drogas faz com que essas vidas, decididamente, sejam encurtadas de maneira significativa. Pois a isso tudo, temos ainda, a total falta de cuidados básicos com a saúde, alimentação, higiene corporal, etc.

Famílias, sentimentos de dignidade humana, ou qualquer outra coisa, que se queira evocar, são simplesmente deixadas no total ostracismo, diante da necessidade de limpeza e higienização sociais determinadas pelo capitalismo cruel e excludente de nossos dias.

Aliás, defender dignidade e direitos humanos em uma sociedade neoliberal é simplesmente uma grande sandice. Tais valores estão completamente em desuso, pelo simples fato de que pertencem a uma esfera distante, de maneira abismosa dos interesses capitalista, que simplesmente açoitam vidas e mais vidas, impiedosamente. Sandice e ingenuidade, pois o que temos, na verdade, é uma reprodução contínua e sem qualquer intermitência, da degradação dos valores de dignidade humana. A vida nas ruas é apenas, e tão somente, uma consequência lógica desse estado de coisas. Algo tão natural e sequencial como a passagem dos dias, formando uma semana, mês, ano e assim por diante. Imutável, algo que não se atina como necessário para reflexão e mudanças. Afinal, não são pessoas, que estão em situação de rua, e, sim, dejetos humanos, que precisam ser retirados e alijados, definitivamente, das ruas e demais logradouros urbanos.

CAPÍTULO 6

A VIDA NAS RUAS DA CRACOLÂNDIA

O que você sabe da vida para entender do crack?!
Você sabe o que é deixar tudo por essas pedrinhas?!

(Vítima de crack)

Sobre o Crack

Isso parece pedaço de rapadura que nem
a que acompanha o café lá em Goiás.
Mas é a pedra que me destrói...
(Vítima de crack)

O *crack* é a conversão do cloridrato de cocaína, para base livre, através de sua mistura com bicarbonato de sódio e água. É a forma de cocaína mais viciante e também uma das mais viciantes de todas as drogas. A liderança cabe ao cigarro, que mata duzentas vezes mais, que todas as drogas juntas[20]. As pedras de *crack* oferecem curtas, mas intensa euforia aos fumantes. Ela surge, inicialmente, nos EUA e se expande para o resto do mundo. É um alcaloide da cocaína, extraído de sais do cloridrato em pó, pela mistura com bicarbonato de sódio e posterior secagem formando em pequenas "pedras". O crack difere de outras formas de cocaína, porque é vaporizado e inalado com facilidade, de modo que seus efeitos têm início, extremamente, rápido. É uma forma de cocaína, que se apresenta com um custo econômico bem mais acessível, que as formas tradicionais, tornando-se assim uma droga disponível e acessível a todos os segmentos sociais, com seu teor de destruição

[20] "A Psicoterapia Diante da Drogadicção", *op. cit.*

alcançando a todos, indistintamente[21]. Nas formas mais puras, as pedras de crack aparecem como cristais brancos, com bordas irregulares, com uma densidade, ligeiramente, maior do que cera de vela, ou, ainda, se assemelham a um plástico duro e quebradiço. Formas mais pura de crack afundam na água ou derretem nas bordas, quando perto de uma chama (o crack vaporiza a 90 °C, 194 °F). O surgimento do crack foi a solução encontrada para o problema do preparo da pasta básica para consumo. Os traficantes, então, passaram a vender doses bem pequenas de crack por um preço tão baixo, tornando-o totalmente acessível[22]. E assim o crack se expandiu e dominou várias áreas e os mais diferentes países. Todos irmanados em torno de uma novidade a abranger a todos os interessados em sair da realidade com doses significativas de alteração de consciência.

A grande questão envolvendo o crack, assim como a cocaína e outras drogas, é o tempo dedicado ao seu consumo. Período em que não se alimenta, dorme e nem tampouco se realiza qualquer outra necessidade, indispensável ao organismo humano. Isso por si faz com que esse organismo fique vulnerável, uma vez que estará em estado constante de baixa resistência imunológica. Ou seja, qualquer vírus, bactéria produz efeito devastador, nesse organismo. Em realidade, organismos saudáveis se tornam combalidos, diante do vírus da gripe, por exemplo. Mas organismos sem preceitos básicos de cuidados, como o sono e alimentação, se tornam mortalmente vulneráveis. E as mortes ocorridas na Cracolândia, em sua grande maioria, derivam dessa fragilidade orgânica, que faz com que qualquer doença parasitária tenha efeito devastador. Isso, naturalmente, não exclui a letalidade do crack com seus inúmeros componentes químicos, que são verdadeiros venenos ao organismo. O crack atua sobre neurotransmissores, levando a um estado de euforia, entusiasmo e regozijo, ou seja, completamente diferente à calma e ao abandono de si. E o fato de se cachimbar durante horas e dias ininterruptamente, faz com que as pessoas percam, totalmente, qualquer parâmetro de si e da própria realidade.

E, ademais, com o avanço da neurofarmacologia, temos uma contribuição importante, para a banalização do uso de drogas em geral. Em uma era em que temos remédios para qualquer dos males, que possa nos acometer, recorrer ao uso de drogas ilícitas é, simplesmente,

[21] *Ibidem, op. cit.*

[22] *Ibidem, op. cit.*

sequencial. Afinal, o que se busca sempre é alívio imediato para o sofrimento imposto pela condição humana. A cocaína estimula a produção de dopamina, bloqueia sua reabsorção, provoca assim a multiplicação dos receptores e, portanto, relança um desejo cada vez mais exigente. Por se integrarem tão bem em nosso cérebro, essas moléculas reservam para si um espaço cada vez maior, enquanto que na vida exigem um tempo cada vez mais longo. Toda dose de cocaína, e por assim dizer de crack, é uma superdose virtual – ainda que não mate, e que restabeleça um estado de bem-estar –, porque modifica o equilíbrio entre os análogos endógenos das drogas e os receptores[23]. Em simples contraponto, temo que o Prozac, conhecido psicofármaco, não cria dependência, pois não provoca nem a excitação da cocaína, nem tampouco sua insaciabilidade. Mas torna possível o gozo apetitivo e contumaz da vida. A capacidade de se interessar pelo mundo e de tirar dele as alegrias e as volúpias mais diversas, aumentam progressivamente, sem relação com a penetração do produto no organismo. O usuário de cocaína ou de crack, e o deprimido sob o efeito do Prozac se diferenciam, na medida em que altera o trabalho da dopamina exigindo o máximo do cérebro, o outro melhora e estabiliza a distribuição de serotonina. E igualmente, um experimenta um prazer com o produto que está presente em seu corpo, e o outro se abre para o mundo[24]. No caso do Prozac, e diferentemente de outros psicotrópicos, a ausência do vício torna-se extremamente significativa, e isso faz desse remédio uma cocaína não apenas legal, e também incensurável[25].

O Problema da Cracolândia não é o Crack...

Me tira daqui, eu não quero morrer aqui...
Tem que ter lugar pra mim em outro lugar
(Vítima de crack)

Por mais incrível e absurdo que possa parecer, o grande problema da Cracolândia não é o crack. E não estamos falando sobre seu teor de

[23] "O prazer e o mal. Filosofia da droga". *Op. cit.*

[24] *Ibidem, op. cit.*

[25] *Ibidem, op. cit.*

destrutividade, e nem tampouco negando a potência de sua dependência, e o modo de vida dessas vítimas. Mas verdadeiramente, o crack, o álcool e tantas outras drogas disponíveis para as pessoas em situação de rua, nada mais fazem que não apenas e tão somente escancararem a brutal situação de desigualdade social e seu cruel processo de excludência. Uma situação tão degradante, que a droga, ao contrário do que se afirma comumente, é apenas um lenitivo usado por essas pessoas, para suportarem o peso dessa crua realidade.

As vidas atiradas às raias do sofrimento, imposto pela brutal desigualdade social em que vivemos, e com excludência sequer tangível pela razão, simplesmente são contempladas com o crack e outras drogas, apenas como uma maneira de alívio a isso tudo. Se fosse possível um simples exercício de absurdidade e conseguíssemos tirar do alcance da população de rua as drogas que estão ao seu alcance, ainda assim não teríamos o fim desse flagelo. As pessoas continuariam a viver nas ruas, e pior ainda, certamente buscariam outras formas de alívio para essas circunstâncias de excludência. Talvez, por essa razão, todas as campanhas contra o consumo de drogas estão fadadas ao fracasso, pelo simples fato de não considerarem os determinantes dessa brutal exclusão social.

Pregar o fim do crack para se acabar com a Cracolândia tem em sua raiz a mesma ingenuidade de que pede a redução da maioridade penal, para acabar com atos provocados por adolescente. O crack seria substituído por algum outro lenitivo, pois o que é imperativo nisso tudo é a destrutividade presente na desigualdade social de nossa sociedade. E, como agravante disso tudo, tem que a maioria dos programas de combate às drogas tem como sua principal bandeira a repressão pura e simples. Então, ao invés de um programa que contemple aspectos de saúde pública, questões sociais e sanitárias, o que se coloca é a repressão policialesca em todos os níveis, promovida pelo Estado de Direito. O usuário, ao invés de ser considerado vítima desse sórdido sistema social, passa a ser considerado criminoso, com direito a penas pesadíssimas, pelo consumo dessas drogas.

Ao se definir a Cracolândia como um pedaço do inferno, um lugar infestado de drogados irreversíveis, e que não possuem qualquer condição de reabilitação, estamos simplesmente escamoteando as verdadeiras razões pelas quais essas pessoas buscam o derivativo das drogas, e porque são sitiadas em um espaço reduzido da cidade. Foi criada toda uma mitificação sobre o crack e seus efeitos, que praticamente a situação da realidade de vida dessas pessoas vitimadas pela droga, e que se amontoam nas ruas é deixada de lado, como algo totalmente sem importância. E não estamos de maneira alguma desprezando o teor de destrutividade e viciante do crack. Não! O que estamos querendo enfatizar é que o crack e suas vítimas jogadas nas ruas da Cracolândia, apenas representam uma das muitas maneiras de excludência de nossa sociedade. Da mesma forma que, muito antes do consumo de crack, já existiam grupos de pessoas, que se amontoavam nas ruas, viadutos, pontes, etc, reunidas em torno de outras drogas, principalmente o álcool.

É falsa a afirmação, de que com uma ou poucas vezes, que se experimenta o crack, já se está irremediavelmente viciado. Dizer, também, que, se for permitido, o usuário de crack fuma até morrer, é algo completamente desconectado da realidade. O verdadeiro mal a ser combatido é a desigualdade social e a excludência cruel de nossa sociedade de consumo. E isso também está presente nas favelas e mesmo em outros ambientes de pessoas que se encontram em situação de rua. A principal questão a ser definida e superada, é a luta por condições de vidas que contemplem a dignidade humana. E que, portanto, ofereçam alternativas viáveis ao torpor e alienação provocados pelo crack.

Sobre Crianças...

"Deixai vir a mim as criancinhas...".

(Matheus, 24.6)

A Cracolândia recebe a todos que foram excluídos do tecido social, de maneira plena, irrestrita e sem qualquer objeção. Assim, aquelas crianças nascidas de mãe drogadas, ou de qualquer outra situação de exclusão, e sem qualquer entidade governamental ou não a protegerlhes os caminhos, tem na Cracolândia a melhor escola de destruição que a sociedade pode oferecer-lhes. Suas vidas são apenas incômodo para a sociedade, pois se viverem até a vida adulta, certamente se tornarão criminosos, a perturbar a ordem social.

A Cracolândia confere a essas crianças uma vida perene e que resiste no máximo até cerca de dez a onze anos de vida. E, pronto, basta culpar o crack pela morte dessa criança, e não toda a crueldade e hipocrisia social. Educação, ou qualquer outra ação governamental, que respeite o Estatuto da Criança e do Adolescente serão apenas para discursos, que não respeitam a verdadeira realidade do país. Ver crianças na sarjeta da Cracolândia, e ter que lidar com argumentos, que falam em escolhas de vida, ou mesmo resignação, frente aos desafios da meritocracia, é simplesmente dantesco e absurdo!

Certamente, um dos mais brilhantes ponteamentos de Sartre[26] é aquele em que diz que o homem é um ser condenado a ser livre, pois, uma vez lançado ao mundo, é responsável por tudo que fizer. E mais, será o responsável inalienável pelas consequências de suas escolhas. Estamos assim, diante de algo insofismável na realidade humana, ou seja, a de que temos que arcar com nossas escolhas, ainda que, ao decidirmos por algo, não saibamos suas consequências. Mas, uma criança lançada na rua precisará de uma superação distante de sua própria humanidade, para que possamos falar em escolha, diante de sua vida na rua. Ou, pior, ainda, na Cracolândia, com a ingestão de crack, praticamente no período de aleitamento. É praticamente impossível a essa criança, lutar contra essa realidade, para escolher outra vida, sair desse espaço urbano e ir à busca de outras paisagens. A superação dessa situação implica no desdobramento de uma quase ascese espiritual indescritível. A fé inquebrantável, que tenho na condição humana, me faz crer que isso seja possível. Mas, decididamente é quase impensável imaginar, que uma criança desde seu nascimento na Cracolândia, sem qualquer parâmetro mínimo de dignidade para seu desenvolvimento emocional e intelectual, possa encontrar condições de superação dessa realidade. É possível, mas a probabilidade de que isso aconteça é quase nula.

De outra parte, ao falarmos em escolhas pessoais, sempre temos em perspectiva, que estamos falando de decisão a ser efetivada, diante de algumas possibilidade,s que se nos apresentam. Esse leque de opções, naturalmente será menor, quanto maior forem as adversidades, que a vida oferece. É dizer que alguém, que já está em uma situação de vida, em total carência, de todos os recursos possíveis, como educação, saneamento básico, moradia, etc, certamente terá possibilidades bem mais reduzidas de escolha. Ao contrário de alguém, cuja vida possui condições satisfatórias nesses quesitos.

[26] "O existencialismo é um humanismo" Sartre, J.P. Ferreira, V,, Lisboa: 1972, Editorial Presença.

Criança crescida na Cracolândia é, dentre todos e tudo, a grande vítima do sistema, fato que sempre me deixou mais estarrecido. Pois, se trata da maneira mais cruel de se eliminar, desde a tenra idade, aqueles que são considerados excluídos pela sociedade. Mães na sarjeta, com filhos em fase de amamentação, é algo que não pode ser real, mesmo diante do que os olhos apreendem e mostram, em concretude nauseante. Sem qualquer cuidado de atenção mínima de puericultura, ou qualquer outra atenção mínima e básica de saúde. Lembro uma situação em que perguntei para uma mãe, nessa situação, se ela havia vacinado seu filho, e ela me olhou com ar de incredulidade, diante de minha pergunta. O seu olhar, certamente perguntava se eu era ingênuo, ou mais algum desavisado, que vem até a Cracolândia falar de respeito aos direitos de dignidade humana. Vacinar o filho é defendê-lo e protegê-lo de algumas doenças suscetíveis na vida humana, mas, em se tratando do que eles vivem na Cracolândia, é algo simplesmente insano e desnecessário. Afinal, eles estão lá, para extermínio rápido e letal. Apenas, e simplesmente, para serem aniquilados de vez dessa sociedade, que já os excluiu de toda e qualquer condição de vida digna. A minha idiotia com essa pergunta é de tal insensatez, que pareço desconhecer que lá essas crianças convivem com ratos na madrugada. E que as mães as colocam sobre seus corpos, para protegê-los desses roedores. Casos de crianças mordidas por ratos, na madrugada, são incontáveis. Eles, simplesmente em busca de comida, buscam dejetos em seus corpos, muitas vezes lá deixados pela falta de higiene bucal e corporal dessas crianças. E, se considerarmos que essas vítimas, frequentemente, passam dias sem qualquer alimentação, água ou qualquer outro nutriente indispensável, para o desenvolvimento humano, a questão da vacina é totalmente descabida. É pergunta de quem tem os filhos em proteção social, e resguardados das intempéries da vida.

Ao se constatar, que uma criança, para se desenvolver em níveis cognitivos, intelectuais e emocionais, necessita de amparo familiar e aprendizado educacional, vemos que a perversidade de nossa sociedade é de uma crueldade intangível pela reflexão. Crianças que se desenvolvem nos quadriláteros da Cracolândia, sem acessos ao lúdico da fase infantil, convivendo apenas e tão somente com outras crianças, igualmente atiradas à essa mesma situação de total sandice. Sem acesso a qualquer saneamento básico, consultas médicas, escola e tudo, que se faz necessário, para um desenvolvimento mínimo, em termos de dignidade humana. Parquinhos infantis, com seus aparelhos lúdicos, não são conhecidos por qualquer referência mínima que seja. A realidade conhecida é o entorpecimento provocado pelas pedras de crack, desde a mais tenra idade.

Crianças atiradas às raias do desespero, sem qualquer das religiões, que hipocritamente, lutaram nas esferas do legislativo contra o aborto para garantia de seu nascimento, e agora, simplesmente, estão distantes dessa realidade pós-parto. E não se trata de defesa do aborto, e sim de crítica a essa hipocrisia religiosa, que defende a vida de modo intransigente, como se a vida existisse apenas e tão somente durante a gestação. No pós-parto, essa criança não tem mais vida, segundo o que preconizam as religiões, pois, uma vez nascida, nenhuma é responsável pelas intercorrências, para que tenha uma vida digna e com o mínimo de condições, para seu crescimento e desenvolvimento, na realidade de dignidade humana.

Ouvi, certa vez, de uma religiosa, naturalmente com atuação muito distante da Cracolândia, que a obrigação que tinha, era defender o nascimento dessa criança, e uma vez nascida, a responsabilidade por sua criação e desenvolvimento seria do Estado, aliás, ela ainda citou o ECA, Estatuto da Criança e do Adolescente. Ingenuamente, ainda argumentei que era sabido que o Estado não garantia nada em nossa realidade. E que, se as religiões lutavam tanto contra o aborto, para garantir o nascimento dessas crianças, deveriam também ter alguma responsabilidade, mínima que fosse, para que tivessem uma vida preservada, em termos de dignidade humana. De nada adiantou; ouvi mais uma vez, nas incontáveis vezes, que tentei esse argumento, de que Deus, nosso pai, é o Deus da vida, do amor e nos ama de maneira incondicional, por isso nos quer vivos. E, novamente, cedi, sabendo que a vida, para o pensamento dessa matriz religiosa, só é vida durante a gestação. Outra conhecida, essa uma médium espírita, ao ler uma parêmia em que falava dessa hipocrisia das religiões, ela simplesmente me procurou e me deu um argumento verdadeiramente imbatível, tal o seu teor de alienação e distanciamento da realidade. Ela me diz, simplesmente, que essas pessoas, ao escolherem essa situação, antes mesmo de nascerem, ou em sua terminologia, antes de encarnarem, estão apenas cumprindo com algo que decidiram para si. Ingenuamente, tentei argumentar sobre questões econômicas, exclusão social, etc, e ela simplesmente me diz, que teria que estudar mais sobre as leis da reencarnação, para compreender melhor a escolha, que essas pessoas fazem, antes mesmo de nascerem. Simples! Estão todos nas ruas da Cracolândia, para pagarem por erros cometidos em outras vidas. E alguns incautos como eu, tentam compreender a Cracolândia, a partir de fenômeno de exclusão social imposto pelo neoliberalismo econômico. Enfim...

Enfim, temos a Cracolândia para acolher de braços abertos a todas as crianças, que tiveram seus nascimentos defendidos pelas religiões, e que agora se encontram lançadas à própria sorte, uma vez que não possuem condições mínimas em termos familiares, educacionais e sociais.

A Cracolândia com seu moderno sistema educacional, em que crianças com cerca de dez anos de idade, muitas vezes, já estão de muletas, devido à gangrena em consequência de um número absurdo de horas cachimbando de cócoras. Sistema educacional, que as tira dos caminhos da criminalidade, pois a vida na Cracolândia é inteira dedicada ao consumo de crack sem água, alimentos e qualquer condição mínima de subsistência. Igualmente, sem condições de pensar em roubos, assaltos, formação de quadrilhas, ou qualquer outra coisa, que possa incomodar a sociedade da qual foram excluídas, desde o seu nascimento.

O total desprezo, legado às crianças lançadas à própria sorte, na Cracolândia mostra, claramente que isso é parte de uma política higienista, em que basta preservá-las por lá, que o tempo se encarrega de eliminá-las de vez, do convívio social. Triste sociedade, em que crianças não são protegidas sequer pelo próprio Estatuto da Criança e do Adolescente, que foi justamente criado para que tivessem um mínimo de proteção e dignidade humana. A Cracolândia é o desaguadouro natural de tudo que é dejeto social, e que precisa ser terminantemente excluído. Melhor que, por lá sejam lançados ainda na condição de crianças, pois daí, seguramente o processo de higienização social estará completo.

A imagem de uma criança de cerca de dez anos de muletas deveria ser obrigatória no interior das igrejas, templos, religiões e em nossos parlamentos. Poderia, assim, minimamente, sensibilizar essa hipocrisia, que vocifera normas e padrões morais de comportamento sem, no entanto, se aterem ao que está ocorrendo nas ruas, com nossas crianças, seres indefessos, que em uma sociedade menos doentia, seriam o futuro a ser espelhado e preservado.

Uma das cenas mais cortantes, que guardo da Cracolândia é justamente de uma criança, o Cícero. Cerca de dez anos e já desdentado, o que significa descalcificação e, consequentemente, morte eminente. Ele me olha no fundo dos olhos e diz: "Anjo Bonitão, me leve embora daqui. Me leve pra sua casa, prometo ser uma criança boazinha...". Depois disso, realmente, após algumas semanas, ele deixou a Cracolândia para sempre, e sem risco de reincidência. Não há como não chorar, ao lembrar essa cena, e nem tampouco sentir uma mistura de ódio e indignação, por tudo que envolve essa realidade. E, principalmente, impotência, pois sabemos desses detalhamentos e não somos capazes de um enfrentamento eficaz. Igualmente, gostaria de acreditar, que agora ele é um anjinho a ajudar e proteger outras crianças largadas à própria sorte. Não! Isso não é realidade, nem tampouco algo tangível, para trazer um pouco de alívio a essas criaturas tão massacradas por esse sistema político tão perverso e desumano.

Sobre Homens e Mulheres...

Aqui somos todos iguais... Todos desgraçados.
Lascados e abandonados por Deus.
(Vítima de crack)

A destruição do crack não é restrita apenas ao usuário, ao contrário, parece prover uma grande letargia ao tecido social, como um todo. Uns se drogam e ficam distantes de tudo, que pode ser definido como realidade; outros observam essa realidade e não veem qualquer conexão com o desmanche de nosso tecido social, em sua perversidade maior que é a desigualdade socioeconômica a ceifar inúmeras e incontáveis vidas. Estão todos com a consciência, verdadeiramente alterada, diante dos efeitos do crack. Uns pelo uso propriamente dito da droga, outros por não saberem que isso é apenas uma das muitas excludências usadas, para aniquilar de vez aqueles que de alguma forma já foram excluídos de nosso sistema social.

A definição de que são pessoas sitiadas, em um trecho da cidade, entre os policiais da GCM de um lado, e a PM de outro, é simplesmente perfeita. E também indício de como eles são controlados, para que lá permaneçam sem perturbarem a paz dos demais habitantes da cidade. E de outra parte, quando presenciamos o frenesi desse ambiente, a questão da droga como instrumento de alienação, é praticamente irreversível. É permitido que se droguem à vontade, a qualquer hora do dia e da noite, façam o comércio da droga e de outras bugigangas, para se obter recursos materiais. A única coisa que não permitida é que saiam perambulando, por outros cantos da cidade. Isso jamais!

A Cracolândia é o reduto para que uma parte dos excluídos seja acomodada, sem qualquer constrangimento ou tangenciamento legal. O consumo e venda do crack é ilegal?! Isso somente em outras partes da cidade, pois lá o comércio e consumo da droga são feitos sob os olhares complacentes das corporações policiais. Nada de tumulto, brigas ou desentendimentos, pois isso não é permitido pelos policiais. Tudo precisa acontecer sem tumulto, dentro desse limite urbano, área destina a acolher aqueles que buscam no crack, alívio para os seus infortúnios pessoais. As pessoas estão amontoadas nas sarjetas, com seus parcos cobertores e roupas esgarçadas, mas isso não impede que, diariamente, em dois períodos distintos, os caminhões de limpeza da prefeitura façam a chamada *Limpeza da Área*[27], para remoção de entulhos e possíveis restos de comidas. Tudo dentro do maior constrangimento e violência inimaginável, pois tudo é retirado dessas pessoas, não importando se terão que enfrentar possíveis noites de madrugadas frias, sem esses cobertores. As cenas desses momentos de limpeza são simplesmente angustiantes, pois, o pouco que essas pessoas possuem é retirado, impiedosamente. Mas, isso não é exclusividade apenas das pessoas em condição de rua, na Cracolândia, mas também, em diversas áreas da cidade. A situação de exclusão dessas pessoas é perceptível e adquire contornos e requintes de crueldades, principalmente nesses momentos de limpeza, promovidos pelos servidores da prefeitura.

[27] O horário da *Limpeza da Área* geralmente é feitas as 10h00 e as 15h00. Então os policiais obstruem as passagens das ruas e as pessoas se retiram para uma rua transversal. O caminhão pipa passa então jogando água pelo chão enquanto outros funcionários da limpeza, devidamente protegido por luvas e máscaras, passam recolhendo os objetos remanescentes. Após essa operação, os policitais liberam as ruas, e as vítimas do crack podem então voltar ao seu frenesi habitual. E tudo permanece no mesmo diapasão até a próxima limpeza.

Medeiros et al[28] asseveram que, se todos os usuários abusivos de drogas já são colocados à margem da sociedade, no caso das mulheres, o isolamento é mais amplo, pois, é, permanentemente reforçada por um registro social, que estigmatiza a dependência química feminina. Historicamente, as mulheres sempre foram mais criticadas do que os homens, por usarem álcool ou outras drogas, sendo acusadas por não cumprirem as funções femininas ou de se tornarem sexualmente promíscuas, quando intoxicadas. A consequência dessas representações é um movimento de rejeição e exclusão social mais marcante, em relação à mulher. Esse fator tem impacto na procura e/ou na permanência desta, nos serviços de tratamentos.

Medeiros *et al.*[29] asseveram, ainda, que, embora o consumo de drogas seja um fenômeno pouco explorado em estudos científicos, principalmente de abrangência nacional, até pouco tempo, a mídia é que se encarregava de abordar o tema, na maioria das vezes, por meio de campanhas preconceituosas, de cunho sensacionalista, que estigmatizaram a imagem dos usuários, associando-os à violência e à marginalidade; no caso específico das mulheres, estas foram associadas à promiscuidade e/ou a casos de negligência familiar.

Temos, com muita frequência, situações em que a mulher é colocada em situações de extrema humilhação, por sua condição de ser alguém atirada às sarjetas pelo uso de drogas. Todo o peso de nossa sociedade patriarcal, com seu machismo exarcebado com todas as formas de preconceitos, paira sobre essas mulheres, tornando seu calvário de uso de drogas, ainda mais lesivo e desesperador. O imbricamento do uso de crack com situações de extrema promiscuidade, envolvendo muitas vezes inclusiva prostituição, faz com que essas pessoas sejam ainda mais desprezadas pela sociedade. Não existem números absolutos, envolvendo as mulheres usuárias de crack; apenas uma simples ida à Cracolândia desnuda a olhos vistos uma realidade, simplesmente estarrecedora. Pessoas amontoadas umas às outras, em situações em que não se sabe o que significa limites corpóreos, entre os espaços vitais de uns e outros.

[28] Medeiros, K. T. *et al.* (2015). Vivências e representações sobre o crack: um estudo com mulheres usuárias. Psico-USF, v. 20, n. 3, p. 517-528.

[29] *Ibidem, op. cit.*

E se fizermos uma situação análoga em que a mulher está exposta em função de atividades profissionais ao crivo masculino, a questão do uso de drogas agrava essa condição de modo insofismável. Assim, por exemplo, muitos homens, quando se encontram em uma viagem aérea creem, que ao adquirirem uma passagem, também conquistaram o direito de se fazerem graciosos diante das comissárias de bordo. Temos um quadro, desse peso machista e patriarcal, que incide sobre as mulheres. Do mesmo modo, ocorrem com garçonetes, gerentes bancárias, promotoras de vendas, etc. No caso de mulheres usuárias de drogas, esse aspecto do domínio masculino adquire contornos ainda mais drásticos e dramáticos. Então, vamos encontrar situações de exploração não apenas sexual, mas de uma configuração de total submissão da condição feminina aos desígnios masculinos.

E o mais dantesco e incrível foi saber, que a Cracolândia de São Paulo não é a pior e mais numerosa do país. Habituado com os números grandiloquentes de São Paulo tinha também, como verdadeiro, que a Cracolândia daqui, fosse, também a maior, e mais perversa. Ledo engano, em que pese a nossa peculiaridade destrutiva[30], São Paulo exibe a Cracolândia posicionada como sendo a quarta do país, em termos de densidade populacional, e perímetro urbano de concentração. Isso foi algo que verdadeiramente me surpreendeu sobremaneira, pois não acreditava ser possível, que houvesse concentração em torno do crack, mais destrutiva que São Paulo.

Tudo é muito insólito, muito irreal, pois impressão que se tem é que as coisas não se coadunam diante dos números tão perversos de desigualdade exibidos por São Paulo. Afinal, embora não disponha de números absolutos, é possível afirmar que não exista outra metrópole no país que acolha tantos imigrantes, dos mais diferentes cantos do país, e

[30] E ao contrário do que se propaga sobre São Paulo em termos de violência urbana, igualmente temos dados surpreendentes nesse quesito. São Paulo figura apenas no décimo primeiro lugar entre as capitais mais violentas do país, isso naturalmente considerando-se sua densidade populacional e o número de ocorrência. Talvez o que São Paulo tenha muito mais acentuado é uma mídia que propaga suas ocorrências sem interrupção. Assim, desde programas de televisão, rádio e jornais impressos temos toda uma rede de difusão das nossas ocorrências. Ao contrário de outros locais como Belém, por exemplo, que embora figura como segundo colocado nessa lista macabra não tem suas ocorrências divulgadas pela mídia local por receio de retaliação e vingança.

até mesmo do mundo, que aqui buscam uma nova oportunidade para suas vidas. Então, seria facilmente dedutível que isso levaria a uma concentração maior de excluídos, ou refugiados urbanos[31], tanto na área da Cracolândia, como em outros perímetros da cidade.

Talvez a questão seja a própria realidade da contemporaneidade, em que as mortes e tantas outras manifestações de violência estejam totalmente banalizadas, frente ao número absurdo de ocorrências. O número de execuções, tanto as realizadas pelo aparato policial, como a dos cidadãos entre si, deixou de ter contundência, quando, de sua ocorrência, pela quantidade absurda de casos registrados. E, quando a questão envolve pessoas em situação de rua, a coisa se torna ainda mais dramática e insólita, pois se trata não mais de semelhantes, e sim de dejetos, que precisam ser removidos das ruas para limpeza da cidade. E com as pessoas, de modo geral, cada vez mais acuadas e com medo da violência presente nas grandes cidades; o famoso jargão *bandido bom é bandido morto,* passou a ser a máxima a justificar a brutal e desumana repressão policial.

Na Cracolândia com as pessoas sitiadas, a violência jaz em seus próprios limites, e, geralmente, em decorrência dos danos causados pelo crack. E, lamentavelmente, temos uma parcela considerável da população, que defende a truculência policial, como se com isso, você garantisse a paz e a segurança tão almejadas. E como a violência é uma espiral que se retroalimenta, quanto maior a violência por parte do aparato do Estado, maior a violência daqueles que são excluídos e aniquilados em sua dignidade e humanidade. E aqui temos também um grande paradoxo, pois, quando, se fala na presença do Estado em lugares abandonados ao descaso público pensa-se inicialmente, na presença do aparato policial. Ledo engano! Pois o Estado deve se fazer presente, antes de qualquer outra coisa, com educação, saneamento básico, moradia, saúde e, então, o aparato de segurança policial.

Ao se priorizar apenas a segurança e o forte aparato policial estamos, na verdade, recrudescendo as condições mínimas de dignidade, para as pessoas que vivem essa situação de exclusão.

[31] Definição cunhada pelo Pe. Julio Lancellotti.

Um grito de dor[32]

Mayra Bezerra

Fui chamado de louco
Vagabundo, desocupado
Moço, me dê uma ajuda?
Sai daqui, seu viciado!
Fui chamada de prostituta
Vagabunda, imunda, vadia
Não serve nem pra ser mãe
Quem cuida de sua cria?
O drogado desde o seio
Representa ameaça?
Se preocupe não, senhor
Dos doze ele não passa
Sou seu irmão, seu pai, seu filho
Sou o lixo que você esconde
Eu sou aquele que grita
Você ouve e não responde
Sou sua irmã, sua mãe, sua filha
Mas não lhe pareço semelhante
Sou quem lhe causa repulsa
Um incômodo angustiante
Sou a face do desespero
Eu sou um flagelo humano
Por que eu moro na rua? Vim ao mundo por engano
Vivo em constante dilema
Estou em cima do muro
Minha vida é uma droga!
Como será meu futuro?
Eles dizem: não tem jeito
Endoideceu, ficou Pinel
No inferno, eu já habito
Onde está a porta do céu?

[32] Essa poesia foi inspirada a partir de uma conferência que proferi no III CONGRESSO SOBRE SAÚDE MENTAL E DEPENDÊNCIA QUÍMICA, em João Pessoa, novembro de 2015. Mayra Bezerra é graduanda em psicologia na UFPB.

CAPÍTULO 7

PARÊMIAS DA CRACOLÂNDIA

A Lua te mostra a borboleta ainda no casulo...

(Sabedoria cigana)

Nessa parte do trabalho, iremos exibir as parêmias, tal como foram publicadas inicialmente sem qualquer modificação, para que seu caráter catártico não se perca. E assim também como a emoção presente quando de suas escritas. Elas foram escritas entre abril e setembro de 2015.

PARÊMIA DE INCONFORMISMO

De volta da Cracolândia! Sempre somos surpreendidos com o inusitado. É dantesco o número de crianças jogadas à própria sorte sem que qualquer religião que lutou pela vida contra o aborto estivesse presente para cuidar desses seres indefesos – e não estamos aqui defendendo o aborto. Apenas falo dessa hipocrisia de se lutar pela vida, apenas até o nascimento, depois que fiquem na sarjeta com as pedras de crack. E hoje, além das crianças vi uma mulher com um filho recém-nascido, ainda em fase de amamentação na sarjeta. É simplesmente inacreditável ver pessoas nessa situação. A corja religiosa que defende a vida contra o aborto de modo intransigente abandona essas crianças à própria sorte após o nascimento. O que se define por vida a ser preservada, é apenas e tão somente o período de gestação. Depois que o Senhor proteja tais vidas, pois a missão das religiões de preservar a vida contra o aborto termina no nascimento. É simplesmente absurdo o que se presencia sem qualquer escrúpulo de autoridades ou de qualquer outra presença do Estado. A Guarda Civil Metropolitana com todo seu aparato bélico simplesmente a tudo observa apenas agindo quando é para espancar e trucidar essas pessoas desvalidas e combalidas.

Simplesmente estarrecido!

E a cada volta da Cracolândia com a sensação plena de que se Deus realmente existe como insistem os religiosos, Ele passa longe daqueles cantos.

Paz e bem!

PARÊMIA DE ESPIRITUALIDADE NA CRACOLÂNDIA

Na Cracolândia com Denise Rosa. O Soares junto com a Marthinha ao receber a garrafa de água pergunta "Anjo Bonitão, essa água é do Rio Jordão?!" Não entendo a pergunta e peço para ele repetir, e ele insiste na referência. E eu ingenuamente mostro o rótulo da garrafa e digo essa é Minalba. E ele diante da minha ingenuidade pergunta se era água benta. E explica que os religiosos quando trazem água para eles dizem que depois de benta ela se torna água do Rio Jordão... Digo que não, que aquela água não era nem benta e nem do Rio Jordão.

Riem da minha ingenuidade e em seguida perguntam a que religião as meninas e eu pertencemos. Digo que não somos ligados a nenhuma religião. Eles incrédulos perguntam o que estamos fazendo lá se não pertencemos a nenhuma religião. Digo textualmente que levamos água e pão para que eles simplesmente tenham um dia a mais de vida, e que isso era uma atitude política de enfrentamento as mazelas e injustiças sociais. Eles incrédulos indagam como podemos estar lá ajudá-los sem ser de nenhuma religião. Novamente nego e eles então fazem uma reflexão muito interessante. O Soares então diz: "Os religiosos veem até nós porque o Cristo mandou visitar os doentes, os enfermos... então eles trazem água, comida e sempre dizem que são enviados de Deus para nos protegerem. Mas dá para sentir que eles têm nojo da gente. Alguns até usam luvas para não se contaminarem com nossa sujeira, com nossa pele. Eles estão na verdade nos ajudando para salvarem a própria alma. Vocês estão aqui por solidariedade ao nosso sofrimento, a nossa dor. E apenas por piedade da nossa miséria. Que Deus proteja vocês.." Digo, não temos nada a ver com Deus, mas ele insiste, "que Deus proteja vocês". Paz e Bem!

PARÊMIA DE UMA TARDE ENSOLARADA NA CRACOLÂNDIA I

Um grupo esta no entorno de Lucão que canta samba antigos palhetando maravilhosamente seu cavaco. No repertório músicas de Martinho da Vila e Paulinha da Viola. Ele canta e os outros tamborilam e se extasiam com a música. Me perco nesse cenário e deixo a Denise Rosa afoita e atônita na distribuição de água em um dia tão quente. Arrisco perguntar ao Lucão quem era o melhor cavaco que ele já tinha ouvido, se o Mané do Cavaco (acompanhante dos primeiros discos do Martinho da Vila), ou o Carlinhos do Cavaco (acompanhante dos discos da Clara Nunes). Ele responde sem titubeio, "sem dúvida que o Mané do Cavaco, sua palhetada é imbatível, ele é a grande referência do samba". Algumas horas depois, já na Pça Roosevelt encontro com a Paula Linhares Angerami e conto esse diálogo. Ela lembra uma conversa que tivemos no Bar do Alemão com o Barão do Pandeiro em que ele manifestou a mesma opinião. O que me ocorre de imediato é como alguém com esse talento está simplesmente jogado na sarjeta vitimado pelo crack.

PARÊMIA DE UMA TARDE ENSOLARADA NA CRACOLÂNDIA II

Encontro a Cleide, antiga moradora do Jardim São Paulo, local onde tinha consultório alguns anos atrás, e ela quer saber de seus cachorros. Ela deixou o local onde vivia ao flagrar seu companheiro com outra. Em estado de decomposição acentuado, ela já perdeu os dentes e está arquejada. Digo que não vi mais ninguém, nem mesmo os cachorros. Ela fica indignada com a minha negativa e diz que precisa dessas informações. E que se não desse notícias ela não mais me chamaria de Anjo Bonitão. Rio dessa ameaça e me despeço prometendo notícias em breve. E assim seguimos como diz a Denise, estamos apenas dando um dia de vida a mais a eles. Paz e bem!

PARÊMIA DA EXCRESCÊNCIA HUMANA

De volta da Cracolândia com a Denise Rosa. A excrescência da política higienista do Sr. Haddad, prefeito de São Paulo, decididamente não tem limites. Funcionários de limpeza da prefeitura sob a vigilância severa da Guarda Civil Metropolitana simplesmente recolheram das vítimas de crack seus cobertores, colchões e outros pertences. Simplesmente absurdo! Pessoas que possuem apenas esses parcos colchões para se protegerem dessas noites e madrugadas frias de São Paulo, simplesmente tem seus pertences arrancados sob a tutela do Sr. Haddad, prefeito higienista que governa para os ricos fazendo a limpeza da cidade de modo totalmente intempestivo. Eu que não creio peço a Deus para que esse senhor jamais seja reeleito, e que simplesmente tenha um toque de doçura em seu coração para que tenha piedade dessas vítimas tão açoitadas pela própria vida. Indescritível a sensação de se presenciar cenas tão aviltantes... Paz e bem!

PARÊMIA DE MORTE

De volta da Cracolândia com Denise Rosa, simplesmente surpreendente a cada vez. Hoje me deparei com uma criança de onze anos de muletas em virtude de uma perna gangrenada em razão de horas seguidas na posição de cócoras para cachimbar. Já totalmente "detonado" para usar uma expressão deles e em total processo de descalcificação. Já não possui dentes, e um simples olhar mostra sua condição de comorbidade. A primeira coisa que me ocorre vendo essa criatura tão frágil e lançada à própria sorte é a hipocrisia das religiões. Todas, absolutamente todas, lutam contra o aborto a favor da vida. Mas a vida pela qual elas lutam é até o nascimento. Depois ninguém mais quer saber desse feto ao se tornar criança. Não é mais problemas de religiosos que essa criança esteja nessa condição terminal e na rua sem qualquer amparo. Paz e bem!

PARÊMIA MALDITO SEJA DEUS

De volta da Cracolândia. Impressão que se tem é que a Cracolândia sempre está a nos surpreender com fatos que são verdadeiros acintes a dignidade humana. Vejo uma mulher jogada na sarjeta cachimbando junto aos seus dois filhos, duas crianças de cerca de 3 e 4 anos de idade. Incrédulo digo a Denise Rosa que o Deus que ela insiste em afirmar que existe, se realmente existe MALDITO SEJA DEUS! Ela meiga e doce como sempre responde: "Nós somos instrumentos de Deus nesse ambiente. Maldito é o capitalismo que provoca essas situações de degradação e miséria". Respondo: "O capitalismo é maldito, e também o teu Deus que permite esses fatos". Ela sempre meiga responde: "Deus permite o livre arbítrio das pessoas". Indignado respondo como essas crianças podem ter arbítrio diante desses fatos. Maldito seja também eu que de volta dessa miserabilidade estou a tomar meu vinho francês embebido em azeite como molhos de ervas e ouvindo Debussy. Malditos sejam todos que defendem essa esculhambação de nome capitalismo. Benditos sejam apenas a Denise, o Pe. Lancellotti Julio, o Wesley Silvestre Rosa – jurado de morte por defender o Parque dos Búfalos, o Pe. Geraldo Nascimento Casaldáliga – que também está jurado de morte por defender os combalidos em Goiás –, o Pe. João Drexel por não esmorecerem em sua luta em prol da dignidade dos excluídos desse sistema social tão perverso que provoca tantas desigualdades desumanas. Paz e bem!

PARÊMIA DA MADRUGADA NA CRACOLÂNDIA

Madrugada! São cerca de 02h00. Praticamente não existe diferença entre a agitação angustiante das vítimas da Cracolândia na madrugada e no dia. Temos pessoas igualmente agitadas andando de um lado ao outro; pessoas de cócoras cachimbando; pessoas jogadas nas calçadas dormindo envoltas em papelão; a Guarda Civil Metropolitana de prontidão assistindo a tudo de modo impassível.

Tudo se assemelha. O que diferencia a madrugada do dia é a quantidade absurda de ratos que transita entre essas vítimas em busca dos restos de comidas e do lixo acumulado. E o que é pior essas vítimas sequer notam a presença desses seres tão repugnantes. Vejo a Kess com sua postura e porte forjados nas quadras de volley – impressão que se tem, vendo sua graciosidade é que a qualquer instante ela irá fazer um *jump* e efetivar um grande bloqueio ou cortada brilhante. Ela está transitando entre eles e simplesmente oferecendo água e todo seu afeto. A Serra é o nosso refugio dessas situações tão dramáticas, e tudo que desejamos é que o Pe. Lancellotti Júlio nunca esmoreça em sua luta em prol dos desvalidos, pois é dele a centelha que nos anima nesse ideal. Paz e bem!

PARÊMIA DO DOMINGO NA CRACOLÂNDIA I

Depois da comemoração dos 25 anos do Estatuto da Criança e do Adolescente no Largo da Batata com a pintura ao vivo do artista plástico Evandro Angerami, fomos para a Cracolândia. Denise Rosa e eu. Vejo uma mãe de aproximadamente 35 anos com seu filho, um menor de aproximadamente 11 anos, de cócoras cachimbando. E pergunto para a Denise onde está o Conselho Tutelar para fazer valer o Estatuto que está sendo solenemente comemorado. Sem respostas e sem qualquer questionamento que minimamente possa resolver tais questões a essa criança, que seguramente em três ou quatro anos não estará mais nas ruas pois a probabilidade de morte é quase absoluta.

PARÊMIA DO DOMINGO NA CRACOLÂNDIA II

O Robson se aproxima de mim, beija minhas mãos, e diz: "Anjo Bonitão, falaram que roubaram teu carro por aqui em uma madrugada dessas, é verdade?!". Respondo que não roubaram meu carro nem na madrugada nem de dia, e que estava tudo bem. Ele continua: "Eu sei o vagabundo que fez isso. Se fosse com o teu carro ele ia se dar mal. Afinal vcs são os únicos que tratam a gente como gente". Sorrio e ele continua: "E tem mais, se alguém mexer com vc mesmo longe daqui vc me avisa que vou buscar esse safado onde for". Sorrio novamente e digo que então ele é que era o meu anjo protetor...rsrsr.... Nos despedimos e vou embora falando com a Denise esse comentário, somos os poucos que os tratam como gente. Isso repercute nesse momento em que o prefeito Haddad com a fúria de sua Guarda Civil Metropolitana tenta higienizar as ruas em que eles perambulam como se eles fossem apenas dejetos. Triste realidade. Triste sina dessas pessoas que o pouco que possuem é arrancado violentamente pela saga higienista desse prefeito que nos atormenta a vida. Paz e bem!

PARÊMIA DE IDIOTIA E CRACOLÂNDIA I

Descendo a Serra da Cantareira rumo a Cracolândia admiro uma Copaíba esplendorosa com suas flores vermelhas a exibir a florada exuberante do Inverno. Ocorre então a lembrança de um telefonema da véspera em que Malu, amiga querida do RJ realizou. Ela diz que está em SP e que ficará por uns dez dias aproximadamente. Digo da minha alegria e digo que certamente iremos tomar vários cafés, vinhos e certamente curtirmos as fascinantes opções culturais de São Paulo. Ela então me diz: "Quero conhecer a Cracolândia". Respondo que será muito bom tê-la conosco pois sempre precisamos de mais pessoas para a distribuição de água e pão". Ela diz que isso ela não quer, pois tem medo desse contato mais próximo com os usuários de crack. Diz que deseja que a leve de carro e mostre a Cracolândia sem qualquer contato com essas pessoas. Com toda a paciência que me falta nessas situações de idiotia digo que a Cracolândia não é ponto turístico, nem tampouco aquelas pessoas estão expostas à visitação como os animais em um zoológico. Ela argumenta que seus princípios cristãos a impelem a ver a Cracolândia, mas que ela tem muito medo dessas pessoas. Em verdadeira ascese espiritual digo então que São Paulo tem a maior reserva florestal do planeta – a Serra da Cantareira –, a maior represa existente dentro de uma cidade – a Guarapiranga –, com seus velejadores, competições de esqui etc. E também o esplendor da arquitetura dos espigões da Av. Paulista. E isso sem dizer das opções culturais que superam qualquer cidade desse mundo, ou, seja, muita coisa para ser admirada. Ela insiste na questão da Cracolândia, e digo então, como em conversa de bar, que a qualquer hora combinamos...aff....

PARÊMIA DE IDIOTIA E CRACOLÂNDIA II

Na Cracolândia, Denise Rosa e eu conversamos longamente com a Benê, uma grande líder das pessoas vitimadas pelo crack. Ela diz que hoje, ao contrário da outra semana, as pessoas estão mais calmas, pois não estão em abstinência. Com seu sorriso largo diz que não fica o tempo todo na rua, e que a noite vai para casa. Diz que está surpresa em nos ver no sábado. Explico que foi em razão do dia dos pais. Ela diz que sabe que eu vou na madrugada de quarta feira, mas que às noites ela está em casa, e no domingo quando vamos geralmente a Denise e eu, e em algumas vezes um grupo com outras pessoas. Pergunto de seu trabalho de varrição junto à Prefeitura de São Paulo, e ela diz que precisa arrumar um trabalho bem longe dali, pois esse não adianta, ao receber o dinheiro vai direto para o crack. Diz ainda algo muito contundente e de bastante reflexão: "As pessoas acham que estamos aqui por que queremos. Quem fala isso não sabe que o crack é o último degrau da decadência; o último degrau da nossa condição humana. Eu quero tanto sair dessa vida e não consigo. Assim tantos outros, estamos largados à própria sorte, daqui só se sai com a morte. Preciso de ajuda, quero sair, e não existe nada para nos ajudar a sair desse inferno". Conversamos outras coisas mais amenas e nos despedimos. Denise e eu vamos embora refletindo sobre essas palavras de Benê. Lamentável, simplesmente lamentável! Paz e bem!

PARÊMIA DO DESESPERO E DA INCONFORMIDADE I

Vamos a Cracolândia, apenas a Denise Rosa e eu. Paramos o carro um pouco mais próximo de onde as pessoas se concentram pois teríamos muita coisa para levar e distribuir. E absurdamente não conseguimos sequer sair de perto do carro. Os nossos excluídos urbanos vitimados pelo crack fizeram uma longa fila e em menos de 15 ou 20 minutos os 400 pães e os 150 litros de água, além dos sucos que a Denise faz para eles terminaram. Ficamos incrédulos, pois eles simplesmente vinham beijavam nossas mãos apanhavam o pão e a água e se iam. Depois de ser tão insistentemente chamado de Anjo Bonitão creio que descobri que essa denominação é uma forma de eles demonstrarem carinho e gratidão, afinal, como diz a Denise essa água e pão garante um dia a mais de vida para eles; Incríveis como tantos pães e água se acabaram tão rapidamente.

PARÊMIA DO DESESPERO E DA INCONFORMIDADE II

Caminho próximo a Pça da Sé no centro de São Paulo em uma tarde muito fria e observo duas crianças que calçam o mesmo par de tênis. Um calça o pé direito e o outro, o esquerdo. Pergunto o que era aquilo e eles respondem que gostavam do tênis e para não ter briga cada um calçava um pé do tênis. Incrédulo os levo até uma loja de sapatos e compro um novo tênis para que cada um tenha um par inteiro de tênis. E um deles me faz uma pergunta desconcertante: "Já está próximo do natal"? Incrédulo respondo que não e questiono a natureza da pergunta. Ele simplesmente responde que é perto do Natal que as pessoas lembram que eles existem. Pasmo e incrédulo rio e me despeço desses meninos... @fff... sem chance para comentários e divagações. Paz e bem!

PARÊMIA DE CRACOLÂNDIAS

Em setembro estarei em João Pessoa para várias atividades. E dentre elas para tentar implantar algo como fazemos na Cracolândia de São Paulo, ou seja, dar um dia de vida a mais àquelas vítimas do crack. E também tentar sensibilizar o policiamento para que tratem essas pessoas com menos brutalidade, e principalmente considerando que apesar de estarem no último degrau da decadência humana, segunda depoimento que ouvi da Benê, ainda são pessoas que precisam ser tratadas como pessoas. Com dignidade e respeito à sua condição. O mais surpreendente, no entanto, foi saber que a Cracolândia de João Pessoa é bem maior que a de São Paulo, perdendo apenas para a de Recife. Sempre acreditei que São Paulo superasse qualquer cidade nesse quesito, mas as informações obtidas, ao contrário, a situam atrás de outras quatro cidades. Surpreendente! Mas no caso de João Pessoa, na medida em que figura como sendo a quarta capital mais violenta do país, justamente por causa do tráfico de drogas esses dados não são dissonantes da realidade. Paz e bem!

PARÊMIA DE DESPEDIDAS E PRENÚNCIOS SOMBRIOS I

A Rita estava no chão cachimbando e ao me ver se levanta e me abraça muito fortemente. Chora com o rosto apoiado em meu ombro. E por alguns minutos não consegue conter o choro e nem mudar de posição. Sinto o ombro molhado por suas lágrimas, e somente após alguns minutos ela consegue se conter minimamente e falar. Diz então, que não aguenta mais a rua, mas agora está morrendo. Já está sem dentes sinal de descalcificação e em grande processo de hemorragia gástrica. Sabe que não tem mais do que algumas semanas de vida. Chora muito e pede para que eu não a abandone nesses momentos. Soluçando diz: "Anjo fique comigo nos meus momentos finais..." Ela chora ainda mais e na sequência nos despedimos, e prometo que na madrugada de 4ª feira estarei por lá para vê-la.

PARÊMIA DE DESPEDIDAS E PRENÚNCIOS SOMBRIOS II

Encontro a Cleide entorpecida de tanto crack e álcool. Ela me vê e inicialmente pergunta se tenho informações de seus cachorros que foram deixados na outra praça em que dormia. Digo que eles estão sendo cuidados por uma vizinha. Ela fica feliz e aliviada. Na sequência me mostra seu pé em uma ferida impressionante. Diz que no dia seguinte irá ao hospital para tratamento. Não sabe se está assim pelo tempo que passou de cócoras, ou se é consequência de uma possível diabetes. Seja qual for o diagnóstico que sera realizado no hospital sua situação decididamente está complicada. Ela também já perdeu os dentes e sua descalcificação é percebida na maneira como seu corpo está arquejado. Igualmente prometo encontrá-la na 4ª de madrugada para saber dela. Essa é a sina que nos envolve nesse trabalho, um contínuo pesar por assistirmos tanta degradação e sofrimento em uma situação em que essas vítimas, como definiu Juan Martins, estão sitiadas em uma situação de total descalabro e absurdidade. Paz e bem!

PARÊMIA DA ABSURDIDADE I

Mauricio me conta que havia ficado hum ano "limpo", usando uma expressão corrente aos usuários de drogas. Diz ainda que, em uma tarde de maio, saiu do escritório e foi para a Cracolândia. Não voltou mais ao trabalho e nem tampouco à sua casa. Estava na rua a pelo menos duas ou três semanas, ele não sabia ao certo. Nessa noite, quando o relógio se aproximava das 23h00, ele é procurado por sua esposa e a filha de cêrca de 07 anos. Os três se abraçam e choram muito. A menina aos prantos pede para o pai voltar para casa, pois sente muita falta dele. Ele pega na mão da filha e os três caminham rumo a outra vida longe da Cracolândia. Espero que dessa vez em definitivo... É fato que estou na Cracolândia junto a essas pessoas por uma opção pessoal inalienável, e portanto tendo que arcar com as consequências dessa escolha. Mas decididamente presenciar essa cena é algo que seria totalmente dispensável em minha vida...

PARÊMIA DA ABSURDIDADE II

Lucão vem ao meu encontro e diz que gostou de saber que apreciava os cavacos do Mané do Cavaco e do Carilinhos do Cavaco. Mas diz prefere o Mané, pois sua palhetada é algo que ele nunca viu alguém conseguir. Aprecia demais os Carilhos, mas diz que o Mané é insuperável. Conversamos bastante sobre esses monstros do cavaco, e ele com um brilho muito vivo no olhar diz que adorou saber que eu também preferia o Mané, e que isso era algo que o deixava feliz. E diz ainda que vai tentar voltar a tocar na noite para tentar sair da Cracolândia, e que faz questão de me convidar para ouvi-lo nessa nova realidade. Sonhos e ilusão que nem o crack foi capaz de destruir...

PARÊMIA DE UMA NOITE FRIA NA CRACOLÂNDIA

O relógio marca 02h15. Depois de conversar com alguns vitimados pelo crack converso com um dos policiais graduados da GCM. Conversa amena sem qualquer outra intenção que não o estabelecimento e fortalecimento de vínculos. Sempre acredito que se eles nos conhecerem melhor podem igualmente tratar essas vítimas com mais carinho. Ele diz admirar muito o nosso trabalho, e percebe que religiosamente estamos todas as madrugadas de 4ª feira junto a essas pessoas. Ele diz então, por outro lado, que não aguenta mais trabalhar nesse local. Cumpre escala, e as vezes troca plantão com alguns colegas. Mas verdadeiramente não acredita ser possível conviver com pessoas morrendo como moscas diante de todos. Diz ainda das tantas vezes que socorrem pessoas que tem os membros gangrenados em razão do número contínuo de horas cachimbando. Não aceita essa situação e se diz revoltado com tamanha crueldade desse nosso sistema social. E se diz incrédulo com o número absurdo de ratos circulando na madrugada entre essas vítimas sem que esses sequer percebam essa presença tão insuportável.Ouço esse depoimento e por partir de um policial, alguém em princípio truculento e que faz uso da violência para impor ordem e respeito, penso que nem tudo está perdido na condição humana. Lembrei-me de situações em que era músico profissional e tocava na noite. E na madrugada junto com músicos de outras casas noturnas nos reunimos em um bar para conversar amenidades da vida. E penso que a minha presença nas madrugadas também vai se fazendo desnecessária, pois a razão principal era atenuar a agressividade desses policiais com essas vítimas do crack. Paz e bem!

PARÊMIA DE ESPIRITUALIDADE NA CRACOLÂNDIA

Na Cracolândia com Denise Rosa. O Soares junto com a Marthinha ao receber a garrafa de água pergunta "Anjo Bonitão, essa água é do Rio Jordão?!"... Não entendo a pergunta e peço para ele repetir, e ele insiste na referência. E eu ingenuamente mostro o rótulo da garrafa e digo essa é Minalba. E ele diante da minha ingenuidade pergunta se era água benta. E explica que os religiosos quando trazem água para eles dizem que depois de benta ela se torna água do Rio Jordão... digo que não, que aquela água não era nem benta e nem do Rio Jordão. Riem da minha ingenuidade e em seguida perguntam a que religião as meninas e eu pertencemos. Digo que não somos ligados a nenhuma religião. Eles incrédulos perguntam o que estamos fazendo lá se não pertencemos a nenhuma religião. Digo textualmente que levamos água e pão para que eles simplesmente tenham um dia a mais de vida, e que isso era uma atitude política de enfrentamento às mazelas e injustiças sociais. Eles incrédulos indagam como podemos estar lá ajudá-los sem ser de nenhuma religião. Novamente nego e eles então fazem uma reflexão muito interessante. O Soares então diz: "Os religiosos veem até nós porque o Cristo mandou visitar os doentes, os enfermos... então eles trazem água, comida e sempre dizem que são enviados de Deus para nos protegerem. Mas dá para sentir que eles têm nojo da gente. Alguns até usam luvas para não se contaminarem com nossa sujeira, com nossa pele. Eles estão na verdade nos ajudando para salvarem a própria alma. Vocês estão aqui por solidariedade ao nosso sofrimento, a nossa dor. E apenas por piedade da nossa miséria. Que Deus proteja vocês. Digo, não temos nada a ver com Deus, mas ele insiste, "que Deus proteja vocês". Paz e bem!

PARÊMIA DE INCONFORMISMO

De volta da Cracolândia! Sempre somos surpreendidos com o inusitado. É dantesco o número de crianças jogadas à própria sorte sem que qualquer religião que lutou pela vida contra o aborto estivesse presente para cuidar desses seres indefesos – e não estamos aqui defendendo o aborto. Apenas falo dessa hipocrisia de se lutar pela vida apenas até o nascimento, depois que fiquem na sarjeta com as pedras de crack. E hoje além das crianças vi uma mulher com um filho recém-nascido, ainda em fase de amamentação na sarjeta. É simplesmente inacreditável ver pessoas nessa situação. A corja religiosa que defende a vida contra o aborto de modo intransigente abandona essas crianças à própria sorte após o nascimento. O que se define por vida a ser preservada, é apenas e tão somente o período de gestação. Depois que o Senhor proteja tais vidas, pois a missão das religiões de preservar a vida contra o aborto, termina no nascimento. É simplesmente absurdo o que se presencia sem qualquer escrúpulo de autoridades ou de qualquer outra presença do Estado. A Guarda Civil Metropolitana com todo seu aparato bélico simplesmente a tudo observa apenas agindo quando é para espancar e trucidar essas pessoas desvalidas e combalidas. Simplesmente estarrecido! E a cada volta da Cracolândia com a sensação plena de que se Deus realmente existe como insistem os religiosos Ele passa longe daqueles cantos. Paz e bem!

PARÊMIA DE DESILUSÃO

Hoje foi um dia muito triste para mim na Cracolândia. Sempre com Denise Rosa. De início ao chegarmos deparamos com um grupo de religiosos evangélicos que com um potente carro de som entoavam canções de louvor a Cristo com aqueles chavões que me irritam sobremaneira: "Deus te ama", "Jesus está aqui", "Deus te quer em nossa família", etc., etc. etc. Não gosto de estar presente em dias que os religiosos fazem suas cerimônias. Sejam eles evangélicos, católicos ou qualquer outra coisa. Eles vestem roupas que os identificam e ficam com essa cantilena de que Deus está presente. Na sequência a presença desse Deus se fez notar com os caminhões da prefeitura limpando a área e recolhendo os pertences dessas vítimas do crack. Verdadeiramente é algo que não consigo alcançar, essa necessidade desses religiosos de anunciar a presença de Cristo nesse ambiente... afff.... Depois procurei pela Cleide – da última vez que a vi ela estava com uma ferida muita séria no pé, e em total estado de descalcificação. Informaram que ela foi levada pela ambulância e que não mais voltou. Assim também a Rita, que da última vez estava com hemorragia gástrica. A única situação prazerosa no dia de hoje foi ver a Sandrinha com seus dois cachorrinhos. Os dois com roupinhas para proteção do frio que açoita São Paulo impiedosamente. Ela me diz sorrindo que eles não podem passar frio, e que dependem dela. Estranha situação, alguém totalmente largueada pela vida e jogada na sarjeta preocupada com seus cães. E verdadeiramente acho isso uma das coisas mais nobres dessa vida, alguém que a tudo foi negado e tirado doar tanto amor a essas criaturas tão dóceis e indefesas. E se não bastasse essa tristeza de hoje na Cracolândia, na sequência a Denise Rosa e eu fomos a um centro cultural ouvir um seminário de um imbecil que se diz anarquista e propõe que não prestemos atenção aos oprimidos e desvalidos, pois se estão nessa situação são cúmplice dessa sistema perverso. E o pior é que esse idiotia vocifera esse pensamento sem qualquer reflexão de modo totalmente inconsequente. Triste dia! Paz e bem!

PARÊMIA DE INCREDULIDADE

É noite! Chove a cântaros em São Paulo. A cidade ficou praticamente submersa diante do temporal que a açoitou impiedosamente durante várias horas e dias. Avenidas alagadas, pontos incontáveis de congestionamentos, vários pontos da cidade sem luz e sem telefone, semáforos apagados. O verdadeiro caos instalado. E na Cracolândia, como se nada alterasse aquele frenesi angustiante alucinante, a vida daquelas pessoas vitimadas pelo crack segue inalterada. Não há chuva, sol ou o que quer que seja capaz de alterar esse ritmo desesperador. Impressão que se tem é o que único momento em que eles param é quando os religiosos, os católicos após suas missas, e os demais após seus cultos oferecem a marmita com comida e sucos. Daí eles simplesmente se enfileiram para receber suas porções para, na sequência, voltarem à cachimbação incessante de sempre. De resto, são dias e dias cachimbando sem comida e nem tampouco água. E a chuva que molha até os ossos não parece dar trégua a São Paulo, mas na Cracolândia a vida não se altera por nada. Paz e bem!

PARÊMIA DO SANTO DEMÔNIO

Tantas ausências a cada visita a Cracolândia, que o mais intriga é o total quietismo diante disso tudo. Recebo apenas informações vagas de que não viram mais aquelas pessoas sobre as quais buscamos informações. E não se trata apenas do torpor provocado pela ingestão de crack, e sim um distanciamento ácido de tudo e de todos. É como se estivéssemos a exigir vida, ou ainda pior, informações sobre outras vidas para quem a vida já se esvaiu de vez. E junto levou ilusões, sonhos e até mesmo preocupação com qualquer forma de vida. Tudo é muito insano, principalmente quando vejo essas tentativas de resgate dessas pessoas das maneiras mais excludentes a tudo que é parâmetro de dignidade e respeito à condição humana. E quando digo que Deus, se existir não está presente nesse canto, não se trata de negação ou mesmo, como já me foi dito, de dúvidas de foro intimo que deveriam ser resolvidas em ambientes próprios a esse fim, Quem verdadeiramente está presente, e disso ninguém dúvida pois sua ação é eficaz e certeira é o Santo Demônio. E que deve se comprazer com a ruína moral de toda uma sociedade decrépita e que tem na Cracolândia apenas os dejetos de sua desigualdade social e de sua indiferença ao sofrimento humano. Paz e bem!

PARÊMIA DE SOLIDARIEDADE E GRATIDÃO I

As pessoas vitimadas pelo crack praticamente perderam tudo. Dignidade, moradia, família, trabalho etc. Não perderam os sentimentos de solidariedade e gratidão.

Ao me avistar Aline mostra um sorriso largo e franco em que é mostrada a falta de dentes sinalizando sua descalcificação. Ela me diz: "Chegou o Anjo Bonitão que traz pão e água". Apenas sorrio diante dessa nova titularidade, e ela continua: "dá para deixar duas águas e dois pães para quando a Angela acordar". Atendo seu pedido e ela diz: "Que Deus sempre proteja sua vida". E diante do meu olhar emocionado e como se lesse sobre minha incredulidade diz: "Vocês pode não acreditar, mas Deus também está aqui com a gente", Novamente sorrio e vou ao encontro de outros combalidos pensando que se o Deus que os religiosos insistem tanto em provar sua existência de fato existe, Ele passa longe, muito longe desses cantos...

PARÊMIA DE SOLIDARIEDADE E GRATIDÃO II

Robson se aproxima com sua caixa de engraxate nos ombros e me beija as mãos ardorosamente. Tento retirá-las, mas ele insiste em beijá-las como forma de gratidão. Depois canta um samba batucando em sua caixa. O acompanho tamborilando em sua caixa com a chave do carro, e ao final comenta: "Ele também é parceiro de samba". Emoção e tristeza, pois esse moço certamente poderia estar exibindo sua arte em outros cantos... Na hora de irmos embora teríamos que passar entre os policiais da Guarda Civil Metropolitana para chegarmos ao meu carro. E Denise Rosa comenta: "Me sinto mais segura entre aquelas vitimas do crack do que entre esses policiais". Pudera, afinal esses policiais seguem à risca a política higienista e fascista do prefeito Haddad, que segue em seu intento inquebrantável de superar a violência da gestão do Sr. Kassab. Embora isso seja praticamente impossível, pois basta lembrar os incêndios criminosos que "coincidentemente" ocorriam nas favelas que se encontravam em áreas de interesse da especulação imobiliária. E com a população de rua temos então a dolorosa lembrança dos caminhões da prefeitura simplesmente lançando jatos de água para a remoção dessas pessoas. Ainda assim Haddad segue agindo e confiante nesse intento . Paz e bem!

PARÊMIA DE TENSÃO PELA FALTA DE ÁGUA NA CRACOLÂNDIA

Hoje o dia está muito quente, insuportavelmente quente. E como aconteceu de outras vezes, sabemos que a distribuição de água na Cracolândia será tensa. Denise Rosa está preocupada e ao mesmo tempo tensa, pois sabemos que não é possível essa distribuição nesses dias absurdamente quentes em apenas duas pessoas. Pessoas que estão a vários dias sem qualquer água, sem qualquer alívio para a sede nesse calor, simplesmente ficam ensandecidas quando nos veem chegar com garrafas de água. Indescritível a cena que ocorre nessas ocasiões. Atiram-se ao encontro das garrafas, e quase que não conseguimos falar absolutamente nada com eles. Diferentemente de situações mais estabilizadas quando conseguimos tecer detalhes de suas vidas, e até mesmo compreensão do enredo cruel do calvário do crack. E nessas situações até mesmo o estado de ânimo das polícias, tanto a militar quanto a GCM parecem alterados, pois a tensão faz com que todos fiquem à espreita de algo mais sério.

Estamos acuados, pois temos inúmeros colaboradores virtuais, pessoas que postam praticamente o dia inteiro sobre a necessidade de termos mais colaboradores. Mas efetivamente, na quase totalidade das vezes, estamos apenas Denise Rosa e eu. Existem grupos e comunidades do facebook abordando a questão da falta de água em SP, mas impressão que se tem é que para a maioria das pessoas em nossa cotidianidade basta *curtir* e confirmar *presença* que a coisa se resolveu. Enfim, estamos em tempo de militância virtual. E hoje é um dia tenso de muito calor, e na Cracolândia temos a configuração real da existência do inferno. Paz e bem!....

PARÊMIA DA DIGNIDADE

Da Paraíba para a Cracolândia. Da mitificação presente nos congressos científicos que participamos ao flagelo do crack. Do requinte de sessões de autógrafos à degradação de pessoas jogadas nas sarjetas à espera da morte. Do amor extremado e sensível que toca a pele e a alma para a situação de total crueza da condição humana; da situação em que a dignidade da condição humana simplesmente sucumbiu. Cracolândia de pessoas que perderam tudo, vida, dignidade, saúde, mas não a solidariedade e gratidão. Hoje junto com Denise Rosa. Simplesmente levando água e pão a esses desvalidos. Incrível a alegria desses desvalidos com o pouco que oferecemos verdadeiramente indescritível. Pão e água! E verdadeiramente nossa solidariedade pela simples presença.

O pior não é enfrentar a truculência da Guarda Civil Metropolitana que segue as determinações fascistas e higienista do prefeito Haddad, o pior mesmo é ter que aceitar e tolerar idiotias que dizem que o programa desse senhor para a Cracolândia não apresenta truculência. Ou ainda ver as declarações desse prefeito sobre suas ações na Cracolândia. Em verdade o significado real: ele é ingênuo ou incompetente ao extremo. Ou o que é ainda pior, a somatória dos dois. A kess pergunta: "o que faz esse poderoso arsenal policial se nem o básico essas pessoas possuem?!". Nada a responder, pois sua postura é truculência e higienismo. Ponto! Paz e bem!

PARÊMIA DA CRIANÇA ESPERANÇA I

Roseli está amamentando seu filho na sarjeta. Um bebê de cerca de seis meses mama alheio ao seu entorno. Olho seu *cachimbo* jogado ao lado de seu corpo. Pergunto, então, se ela vacinou a criança. Ela me olha com incredulidade, resignação, estranhamento, ou sei lá o quê exatamente. Talvez pensando sobre a minha ingenuidade, ou mesmo do estranhamento dessa pergunta nesse contexto. Ela nada responde! E essa certamente é a resposta mais eloquente que poderia ser dada, silêncio absoluto. Diante de uma pergunta ignóbil o melhor é nada responder. Como se falar em vacina para alguém cuja vida é a sobrevivência entre os escombros da Cracolândia?! E se a vida é isso com o filho protegido sob seu corpo em plena rua, vacina é algo que não pode ser jamais ser pensado...

PARÊMIA CRIANÇA ESPERANÇA II

Duas crianças de cerca de oito anos brincam correndo entre os escombros humanos. Correm totalmente alheios ao entorno de sua realidade. A mãe está *cachimbando*, e eles simplesmente brincam sem se aterem a tudo isso. Estão lançados à própria sorte. Cresceram e vivem na Cracolândia. E seguramente suas vidas terão mais alguns anos, mas jamais terão adolescência. Afinal, estão nesse pedaço da cidade totalmente excluídos de todas as proteções sociais que deveriam ser dadas à infância. Mais alguns anos de crack, e certamente deixarão as ruas para sempre. E sem adesão a qualquer tipo de criminalidade. Paz e bem!

PARÊMIA CRIANÇA ESPERANÇA III

Tarde quente em São Paulo. Pergunto para Mari de seu filho, uma criança, um menino de cerca de dez anos que vive com ela nas ruas desse pedaço de inferno, delicadamente chamado Cracolândia. Ela me diz que ele está no *muquifo* das crianças. E que fica na praça perto da estação. Vamos até lá, e verdadeiramente o que presenciei me deixou sem respiração por minutos. Algo tão aterrorizante que talvez nem mesmo o filme de terror mais angustiante não consiga reproduzir algo tão degradante e desumano. Já presenciei coisas mais incríveis e absurdas nesse cenário, mas agora decididamente a coisa se superava em tudo que poderia algum dia imaginar em termos crueldade humana e descaso das autoridades políticas e sociais com nossas crianças. Paramos em frente a um grande bueiro que dá acesso às galerias pluviais da região. Ela chama por Zela, e depois de algum tempo ele surge e sai para a superfície. Diante da minha expressão de estupefação ela simplesmente narra que essas crianças vivem lá com medo da repressão policial, e também para não serem levados para o abrigo de menores. Vivem em galerias fluviais, nos subterrâneos da cidade, subterrâneos da vida. Junto com ratos, baratas e tudo mais que se quiser conceber e imaginar. E como nasceram na Cracolândia e, na maioria das vezes, não possuem sequer documentos pessoais de identificação, o que significa que legalmente não existem, ninguém sentirá suas ausências. Minha indignação me leva a desejar produzir imagens para uma denúncia mais ampla. Logo me veem à mente que o primeiro pacto que fazemos com essas vítimas da Cracolândia é jamais produzir imagens de sua degradação. E no mesmo momento concluo que de nada adiantará minhas imagens, pois a sociedade já os mantém confinados nessa situação para que não seja molestada, e tampouco se tornem adultos que possam delinquir. Desejo apenas que isso tudo seja um grande pesadelo do qual um dia possa acordar. Paz e bem!

PARÊMIA DE SOLIDÉO

Na Cracolândia com Denise Rosa. Hoje o Pe. Julio Lancelotti, como acontece no 4ºs domingo do mês, realizou missa na Cracolândia .E dessa vez ele levou o SOLIDÉO enviado pelo Papa Francisco para ficar junto à população de rua. Ele foi colocado junto ao corpo de uma menina que dormia em frente onde havia sido montado o altar para a missa. É mais uma das inúmeras crianças jogadas à própria sorte na Cracolândia sem que as autoridades minimamente manifestem qualquer reação, ou até mesmo incomodo. Simplesmente uma cena de nos levar às lágrimas tal a perversidade da cena.

Paz e Bem!

PARÊMIA O PROBLEMA DA CRACOLÂNDIA NÃO É O CRACK

Por mais incrível e absurdo que possa parecer, o grande problema da Cracolândia não é o crack. E não estamos falando sobre seu teor de destrutividade, e nem tampouco negando a potência de sua dependência, e o modo de vida dessas vítimas. Mas verdadeiramente, o crack, o álcool e tantas outras drogas disponíveis para as pessoas em situação de rua, nada mais fazem que não apenas e tão somente escancararem a brutal situação de desigualdade social e seu cruel processo de exclusão. Uma situação tão degradante que a droga, ao contrário do que se afirma comumente, é apenas um lenitivo usado por essas pessoas para suportarem o peso dessa crua realidade. Paz e bem!

PARÊMIA DE DOR E AUSÊNCIA

23h. Vera me faz uma pergunta insólita: "Anjo, será que se eu sair daqui posso voltar a ter meu filho comigo, cuidar dele novamente?!". Pergunto então onde está seu filho. Ela responde que não sabe. Da última vez que soube dele, a mais de cinco anos, ele estava em uma casa de crianças sob o cuidado de religiosas. Argumentei se ela sabia onde era essa casa religiosa. Diz não ter a menor ideia. "E o nome da criança?!", indago. "Ele não tem nome, não fiz o registro dele". Ela chora e pede para que seu filho seja trazido de volta a ela. Que filho é esse, sem nome, registro ou sei lá o que mais?! Sem nome e registro é alguém que legalmente não existe. Situação semelhante a tantas crianças que nascem e crescem na Cracolândia sem qualquer vestígio de vida legal. Uma realidade a gritar para todos que de alguma maneira se importam com a dignidade humana. Mães que buscam filhos que não existem legalmente, e talvez, dado o próprio torpor provocado pelas drogas, nem na vida real. Paz e bem!

PARÊMIA DA INDIFERENÇA CRISTÃ À CRUELDADE E MATANÇA ANIMAL

Após a missa na Cracolândia, realizada em todo quarto domingo do mês, conversava com alguns religiosos franciscanos. E mesmo sabendo da indiferença dos cristãos sobre a crueldade e violência cometida contra os animais pontuava algumas considerações. Dizia que eles principalmente não deveriam comer carne, pois S Francisco de Assis nominava os animais como Irmãos Menores, e ensinava que não se poderia fazer qualquer crueldade contra eles. Ouvi de uma religiosa que ele também chamava a água de bendita e nem por isso deixava de beber. Na minha grande ingenuidade ainda tentei argumentar que o animal que servia de refeição a eles havia sido sacrificado em requintes de muita crueldade. E sem qualquer necessidade além do interesse agropecuário, pois haviam muitos outros alimentos nutrientes e que não traziam requinte de destruição e violência.

De nada adiantou, pois quanto mais falava, mais ouvia argumentos que apenas legitimam a violência contra os animais. Inclusive, um de idiotia ímpar: a de que Deus os havia criado para nos servirem de alimentos. Outro ainda superou essa idiotia argumentando: "Se Deus não desejasse que fossem comidos não os faria tão deliciosos"...Risos e escárnios aos meus argumentos! Verdadeiramente só me resta um consolo: antes ouvir isso do que ser surdo. Paz e bem!

PARÊMIA DE VIDA E CRACOLÂNDIA

Ano difícil! A mim me parece claro, 2015 não deixará saudades. Ano de rupturas amorosas e suas inevitáveis desilusões. E desilusão amorosa de modo geral contamina a própria vida. De intensas batalhas judiciais envolvendo familiares. Minha vida se alterna freneticamente entre reuniões com advogados e representantes de bancos tentando destravar ao menos a situação financeira. E de muita dor pela morte de um irmão sanguíneo. E paradoxalmente me sinto muito bem! Uma plenitude sentida apenas em poucos momentos da vida. Minha saúde nunca esteve tão plena e o vinho noturno jamais foi tão prazeroso. Estranhamento! Diante de tantos problemas pessoais, e a vida sendo leve e sem tormentas no coração?! Já me foi dito que o enfrentamento de problemas nos forja como ferro em fogo brando para uma ascese espiritual. Não sei! O que me ocorre é que minha força dos últimos tempos deriva principalmente do contato estreitado com o sofrimento extremo das pessoas que estão padecendo na Cracolândia. Talvez minha passagem pela área da saúde não traga de modo tão pungente o desespero presente nessas pessoas. Se o sofrimento de pacientes com câncer, ou se pessoas em situação de rua, ou se a vida é contraponto, ou mera ilusão. Mistério que me envolve e ao mesmo tempo me seduz! Ouvir Debussy saboreando meu vinho noturno em meio a esse caos que me enfeixa de modo indissolúvel é algo simplesmente indefinível. Paz e bem!

PARÊMIA DE NADA, DE ABSOLUTAMENTE NADA

22h30min Cracolândia, noite quente! Ao me verem alguns veem ao meu encontro em busca de água. Na realidade tenho água nas tardes de domingo junto com a Denise Rosa e outros colaboradores. Água e pão. Nas noites e madrugadas não tenho nada para oferecer, a não ser meu afeto e solidariedade. E também pelo fato de que na noite nosso objetivo sempre foi o contato com os comandos policiais. Estou com dois religiosos que se dignam a levar um mínimo de conforto espiritual a essas vítimas dizimadas pela droga e pela exclusão social. Aline está deitada na sarjeta, e a me ver, levanta e corre ao meu encontro. Beija minhas mãos com frenesi e chorando copiosamente me abraça. Choro angustiante de dor e desespero. E soluçando diz: "Anjo me tira daqui, Anjo preciso sair daqui, vou morrer aqui...". Verdadeiramente me assusta o tanto de pessoas que nos pedem para que as retiremos dessa desolação. Olho para seus olhos emudecidos pelo choro, e vejo que não apenas está magra, abatida e desfigurada. Ao longo desse ano sua desfiguração foi notória e assustadora. Também já perdeu os dentes, sinal e indício primeiro de que está em processo célere de descalcificação. Irreversível e de dias, semanas de vida. Mais choro e lamentos. E ao deixá-la sinto que é uma das últimas vezes que nos vemos, pois seguramente em breve ela vai deixar a rua. Dessa vez em definitivo. E sem chance de retorno. Paz e bem!

PARÊMIA DE UMA VÍTIMA DA CRACOLÂNDIA NA CATEDRAL DA SÉ

Festividade na Catedral da Sé em comemoração ao 40° aniversário do brutal assassinato do jornalista Vladimir Herzog nos porões da ditadura militar. Reencontro com muitos militantes da luta pelos direitos humanos. E na saída da cerimônia encontro o Zeca esmolando nas escadarias da Catedral. Cumprimentamo-nos de modo efusivo, pois não mais o tinha visto na Cracolândia e temia pelo pior. Ele me conta então que havia mudado de ponto, saiu da Cracolândia na região da Luz, e agora estava na região da Sé. Local que embora menor também houvesse concentração de usuários de crack. Pergunto a razão da mudança, e ele textualmente afirma que a repressão policial na Luz é mais severa, e que todos que podiam tentavam sair de lá. Ingenuamente pergunto se ele também não pensava em mudar de vida, uma perspectiva sem o crack. Ele singelamente apenas responde, "estamos na reta final da vida". E continua enfático, "naquilo que pode ser definido como lixo de tudo". "Mudar pra quê?!". E diante do meu olhar de incredulidade conclui, "não temos nem lugar para sermos enterrados, vamos direto para o cemitério de Perus como indigentes". E verdadeiramente o cemitério de Perus não apenas abriga indigentes e desvalidos, mas também é depositário das ossadas das vitimas trucidadas pela ditadura militar. Paz e bem!

PARÊMIA DE REENCONTRO. ADEUS CRACOLÂNDIA

Procurei pela Cleide na Cracolândia em diversas vezes. E sempre a mesma informação de que não tinha sido mais vista depois da hospitalização. E tal era o inchaço de seus pés, e tamanha a inflamação de seus dedos que temia pelo pior. Hoje finalmente a vi, e não mais na Cracolândia. Ela estava em uma praça junto a uma igreja próxima a estação Jardim São Paulo do metrô. Local originário em que nos conhecemos, e onde costumo parar meu carro quando apanho metrô. Tão logo a vi gritei por ela, que veio correndo ao meu encontro. Ela e seus cachorros, motivo de preocupação quando a encontrava na Cracolândia. Dizia para ela que os mesmos estavam sob os cuidados de uma vizinha da praça. Ela não me acreditava, e hoje confirmou pensar que falava isso apenas para acalmá-la. Abraçamos-nos e ela chorando muito disse, "Anjo você não mentiu para mim, os cachorros estavam bem". E continuou, "Agora estão todos comigo". Os cachorros também fizeram muita festa para mim, como se percebessem tudo que nos envolvia. Disse ainda que queria me encontrar para agradecer, e contar que conseguiu sair da Cracolândia e das pedras. E que no hospital havia sido informada que estava com hepatite C. Embora doença grave, ela acredita que é melhor do que morrer na Cracolândia. Pergunto da degeneração óssea, sinalizada pela queda dos dentes, e ela repete, que agora quer apenas sentir a vitória de ter saído da Cracolândia. Mora na rua com seu companheiro, em uma pequena tenda nessa praça do encontro. Mas não mais na Cracolândia. Prometi voltar a vê-la, e certamente até com mais alegria do que antes. Paz e bem!

PARÊMIA DA CRACOLÂNDIA DE JOÃO PESSOA

21h! Noite quente em João Pessoa. Glenio Guimarães e eu damos início a um trabalho de solidariedade junto às vítimas de crack semelhante ao que temos em São Paulo. Désirée, cansada pelo dia exaustivo não nos acompanha e fica à espera no hotel, preocupada, pois simplesmente iniciaríamos nossas atividades em plena noite. O nosso primeiro passo foi ir ao encontro do comando policial da região. Fomos muito bem recebidos e de modo cordial foram nos transmitidas as coordenadas que a Cracolândia de João Pessoa é dividida em dois grandes grupos, um que fica sob um viaduto e outro dispersos pelas ruelas e vielas daquele canto, o bairro de Varadouro no centro da cidade. Em seguida, transitamos por aquelas ruelas, vielas e viadutos. E a primeira constatação é de que por lá as pessoas não consomem a droga de maneira tão parcimoniosa como em São Paulo. Embora seja claro e evidente que sua junção se dá em torno da droga, há uma preocupação de disfarce principalmente diante da presença de desconhecidos. Longo trajeto, de muitos olhares angustiados. De vidas jogadas nas sarjetas sendo consumidas pela vida e pela droga. Tudo se mistura e se enfeixa de modo irreversível nesses caminhos de destruição. O trabalho se iniciou! Agora é prosseguir com esperança e perseverança. Paz e bem!

PARÊMIA DE UMA VÍTIMA DA CRACOLÂNDIA EM NATAL

Noite quente! Depois de uma conversa com o policiamento para o devido conhecimento de área, o trabalho se inicia em Natal. Em uma ruela jogada na sarjeta uma menina de cerca de 14/15 anos. Talvez tenha mais idade, mas seu corpo é tão mirrado que é difícil conceber alguns anos a mais. Conversa sobre sua condição de rua, e diz então que de início apenas se prostituía no calçadão de Ponta Negra para ajudar no sustento da família e de si mesma. E que hoje se prostitui apenas para o consumo de crack e álcool. Perdeu totalmente o contato com a família que é de outra cidade no interior. Chora, e diz a um dos religiosos que espera que ao menos Deus possa perdoá-la. Uma vítima, mais uma dessa exclusão social que açoita tantas vítimas a cada segundo. Paz e bem!

PARÊMIA DE UMA ABSURDIDADE EM NATAL

Noite quente em Natal! Em uma das vielas em Ponta Negra, local de alta prostituição e de consumo de crack, um homem tipicamente nordestino e sem qualquer pudor indaga, "por cem reais arrumo um *cabacinho* de treze anos, interessa?!". Isso não é apenas algo de absurdidade e incredulidade, se configura na própria degradação humana em seu estágio mais avançado. A primeira indagação é a de que como alguém pode ter prazer com uma menina que irá satisfazer sua obstinação sexual por dinheiro. Uma menina que talvez possa se parecer em termos físicos com uma mulher, mas que verdadeiramente ainda é uma menina pré-adolescente. E ele não se faz de arrogado e contínua, "se é pedra que vocês buscam também tenho". Ou seja, alguém que domina tudo nesse cenário sórdido de submundo. É sabido que Natal ostenta o lamentável quinto lugar entre as capitais mais violentas do país bem à frente do Rio de Janeiro – décimo lugar –, e São Paulo – décimo primeiro lugar –, mas essa situação é simplesmente absurda de tão surreal. E o pior, após indagação com outra moça que se prostitui no local temos a informação que, em *programa* de cem reais, a parte que lhes cabe é vinte reais, podendo ser paga em dinheiro ou pedra. E o pior é que ainda tem gente que acredita que o inferno está *além-morte*. Certamente não conhecem a zona de prostituição de Ponta Negra. Paz e bem!

PARÊMIA DE DEGRADAÇÃO EM NATAL

6h em Natal. Caminho pela praia para aproveitar um pouco da maresia e da areia antes das atividades profissionais. Inquieto com tudo que havia visto na noite anterior nas vielas e ruelas de Ponta Negra me dirijo para lá com o dia mostrando seus primeiros raios de luz. E com a esperança de ver algo mais tênue do que a degradação presenciada na noite anterior. Lamentavelmente tal qual a Cracolândia de São Paulo cuja pulsão frenética não para um segundo sequer, em Ponta negra a coisa se repete. Meninas se prostituindo, pessoas jogadas nas sarjetas cachimbando, e pessoas em um frenesi simplesmente alucinante. Natal é uma cidade que faz parte dos roteiros turísticos mais procurados por suas praias e dunas. E certamente essa degradação é reflexo do descaso das autoridades com o aspecto predatório do turismo em que meninas fazem parte do pacote de exploração do lugar. Tudo é permitido no afã de conquistar o turista de modo inalienável. E enquanto os pacotes turísticos de nossas cidades incluírem a possibilidade de aventuras sexuais presenciaremos o crescimento infindável de meninas lançadas à rede de prostituição e drogas. Meninas se prostituindo é algo que conspurca nossa dignidade humana de modo indissolúvel. E o pior é que a rede de prostituição que está a exigir moças cada vez mais novas seja em Natal, São Paulo, ou qualquer outra cidade que se queira arrolar continua a operar sem qualquer impeditivo legal. O crack é apenas um detalhe nesse lamaçal de destruição das nossas cidades. Paz e bem!

PARÊMIA O INFERNO DA PROSTITUIÇÃO E DA DROGA EM NATAL

Caminhar pelo calçadão de Ponta Negra em direção ao Morro do Careca é ver o espaço destinado aos turistas se transformando de modo simplesmente indescritível. De início, junto à rede hoteleira temos um espaço iluminado com diversos artistas vendendo seus artesanatos e outras obras de arte, e muitas pessoas passeando pela orla. Desde turistas de outros cantos até mesmo moradores de Natal que para lá se dirigem em busca de um passeio a beira mar. E aos poucos o calçadão dá lugar a uma calçada comum e ao surgimento de rua transitável para carros e motos. E na sequência surgem as vielas e ruelas em que a drogadicção do crack faz um binômio com a prostituição simplesmente tenebroso. Vidas simplesmente jogadas na lama que se prostituem em troca de míseros trocados que apenas sustentam o consumo de crack e álcool. Mulheres com corpos esquálidos e sem dentes mostrando no próprio ser os detalhamentos da destruição. O turismo do Brasil no exterior, e mesmo internamente é vendido como sendo um local afrodisíaco de praias maravilhosas com a presença de mulheres lindíssimas e sempre disponíveis para aventuras sexuais. Programas já são acertados como parte do pacote turístico que inclui a idade e biótipo da moça a ser buscada. Então, essa prostituição tão degradada, que encontramos nesses cantos, nada mais é do que consequência do descaso social com nossas crianças. Pois a idade inicial dessas moças para adentrarem nessa vida é perto dos doze anos de idade. E o crack e o álcool surgem com apenas uma parte do anestésico necessário para se suportar essa realidade tão cáustica. Paz e bem!

PARÊMIA DE DESENCONTRO

Caminho em direção ao meu carro depois de presenciar a missa na Cracolândia junto com Denise Rosa. Ouço alguém chamando, "Padre, padre", e como estava só naquele trecho de rua viro para trás e vejo a Leni. Espero ela chegar, e antes de qualquer coisa vou dizendo que não sou padre, e que os padres estavam ao lado da Kombi distribuindo alimentos. Ela não se satisfaz e continua, "você é o nosso Anjo bonitão, como você não é padre?!". Insisto não ser padre e que se ela quisesse eles estavam na kombi. E ela chorando diz que precisa do perdão de Deus, pois continua pecando. Digo que não tenho condição de perdoá-la, pois não sou padre e sequer religioso... Mas ela contínua dizendo que não consegue parar de pecar, pois contínua se prostituindo para conseguir dinheiro para comprar crack e pinga. Apenas escuto seu choro e sua fala incontida. Repito que não tenho como perdoá-la e nem tampouco acolhê-la em nome de Deus. Ela contínua chorando em seu lamento desesperador. Ela se despede e vai ao encontro dos padres em busca de absolvição. E o que me ocorre inicialmente é a configuração desse flagelo humano, alguém que se prostitui apenas e tão somente para manter o desespero do vício. Vítimas não apenas de exclusão social, mas também dessa hipocrisia em que alguns se utilizam de um corpo para satisfação de seus impulsos sexuais em qualquer reflexão sobre as consequências desse ato. Paz e bem!

PARÊMIA A TRUCULÊNCIA DA GUARDA CÍVIL METROPOLITANA

Domingo de sol escaldante com prenúncio de chuva estrondosa. O comandante de área da Guarda Civil Metropolitana avisa ao Pe. Julio Lancelotti que não vai haver missa na rua nem com ordem do Papa Francisco. E que todos os pertences serão retirados. O Secretário de Direitos Humanos, Sr. Eduardo Suplicy interveem colocando as coisas em seu devido lugar. Acalma os ânimos exaltados dos valentes policiais da Guarda Civil Metropolitana e a missa pôde acontecer. Missa para os excluídos, desvalidos, para aqueles que não têm mais nada que não o carinho e atenção desses religiosos que se dignam a estar junto a eles. Rezam e agradecem a refeição dada nesses dias de oração. E novamente estamos diante da truculência dos oficiais da Guarda Civil Metropolitana que não têm quaisquer escrúpulos em desferir ameaças sem qualquer fundamentação que não o arbítrio puro e simples do poder. Hilário nisso tudo é que somos admoestados por acolhermos essa população brutalmente excluída das benesses sociais. O que se pode depreender disso tudo é o modo como essa população em situação de rua é tratada em nossa ausência. Se nós, que de alguma forma representamos entidades religiosas e sociais somos ameaçados, o que imaginar, então, quando eles tratam diretamente com essa população totalmente à mercê da própria sorte. As cãs dos cabelos brancos do Pe. Julio Lancelotti por si já estariam a exigir respeito e dignidade. E se isso não bastasse sua presença nas ruas defendendo os oprimidos deveria ser balizamento para que a missa por ele partilhada fosse algo a ser respeitada. Isso para se dizer o mínimo. Triste ver que essa polícia tão despreparada cuida da população de uma das maiores cidades do mundo. Muito triste! Hoje foi mais um dia em que nossa luta em busca de uma sociedade mais justa e fraterna esbarrou na sandice de uma corporação militar autoritária e sem qualquer discernimento sobre seu papel social. Paz e bem!

PARÊMIA DO INSÒLITO...

Domingo de chuva. Torrencial sem trégua. Poças de água se alastram pela cidade e tornam difícil até mesmo a circulação de veículos. Nossa ida a Cracolândia é adiada pela própria dificuldade de não podermos fazer nossa parte na distribuição de água e pão. E a primeira coisa que me ocorre inicialmente é das vezes em que estive por lá em dias de chuva. Impressão que se tem é que para aquelas vítimas do crack em seu estado alterado de consciência não existe diferença do dia, noite, frio, sol, chuva ou qualquer outra coisa que se possa arrolar. A diferença entre o dia e a noite é apenas a quantidade absurda de ratos transitando entre as pessoas em busca de restos de alimentos. O chamado *fluxo*, a movimentação existente na rua própria dita é a mesma. Como também se repete as cenas das pessoas dormindo amontoadas nas calçadas. E mesmo sob chuva nada se altera. O *fluxo* se mantém inalterado, incrivelmente inalterado. E a primeira coisa que me ocorre é que as pessoas que possuem cães de estimação em suas casas geralmente possuem casinhas para que esses animais possam se abrigar das chuvas. Mas na Cracolândia não existe qualquer defesa para essas alterações climática, e o mais surreal nisso tudo é que essas pessoas parecem não se dar conta dessas ocorrências. Retrato sem retoques da brutal exclusão social de que são vítimas. Onde o crack é apenas detalhe dessa barbárie social. Paz e bem!

PARÊMIA DE CACHORRO E CRACOLÂNDIA

Manhã de um domingo nublado de céu carregado prometendo chuva forte e densa para breve. E antes do ritual do meu café matinal dou comida para os dois cachorros que ficam na parte de cima da minha casa, o Grafite, um pastor belga, e a Mel, uma rotweiller. E na sequência junto com o meu café preparo um panelão de comida para a refeição deles da tarde, daí não apenas para os dois da parte de cima, mas também para os demais que ficam na parte de baixo. E hoje me vi novamente pensando na questão daquelas vítimas da Cracolândia que não possuem qualquer abrigo para os dias de chuvas. E também me ocorreu que muitos também possuem os amigos quatro patinhos a fazer-lhes companhia. Lembrei então de uma mulher em situação de rua que fez a homilia de uma missa que o Pe. Julio Lancelotti rezou na Praça da Sé para se posicionar contra o assassinato de pessoas em situação de rua pela Polícia Militar. Ela falou que era muito difícil lidar com ocasiões em que se tem fome e absolutamente nada resta a fazer, a não ser esperar por alguém que lhe dê comida. E que naquele dia estava feliz, pois sabia que depois da Missa os religiosos distribuíam refeições para as pessoas como ela em situação de rua. Como ensinou Ghandi: "Se Deus tiver que aparecer para um faminto Ele se configura em um prato de comida". Meu pensamento de imediato imerso na Cracolândia focou os cachorros daquelas pessoas. Que sinas teriam para alimentar-se se estavam com pessoas que dependiam de caridade para a própria sobrevivência?! E o que seria de suas vidas se nem mesmo essas pessoas lhes dessem guarida?! Paradoxalmente isso é uma das coisas mais emocionantes que se presencia na rua em geral, e não apenas na Cracolândia. Ou seja, pessoas que nada possuem e que pouco tem para a mínima sobrevivência cuidam de seus cachorros com carinho e dedicação simplesmente emocionante. Um dado interessante é que os hospitais veterinários públicos a maior demanda d em busca de cuidados para seus animais é justamente da população em situação precária, ou mesmo parca em recursos econômicos. Mistérios que a vida esconde em seus desatinos. Paz e bem!

PARÊMIA DE TASALITO NA CASA DE ORAÇÃO DO POVO DE RUA

Sarau na Casa de Oração do Povo de Rua. Evento emocionante e dignificante, principalmente pela qualidade das atrações. Música, teatro, poesia, dança e muitas outras coisas de muita qualidade e direcionadas para pessoas em situação de rua. Além do resgate da própria dignidade, foi emocionante ver o comportamento silencioso e respeitoso diante das atrações. Tudo simplesmente fantástico. Estava ainda impactado com o desenrolar da festa, e principalmente admirando o trabalho da Ana Maria e da Irmã Chiara, as principais articuladoras de tudo quando sou procurado por um homem que se dirige a mim de modo resoluto e sereno. E me pergunta se não estou lembrando ele. Olho, e busco pela memória, péssima, e que só me causa constrangimento nesses momentos, e decididamente desisto e pergunto quem era ele. Diz então, sou Tasalito que vivia na Cracolândia, e conversávamos quando você ia lá de madrugada. Novamente não consigo lembrar minimamente de sua figura, nem tampouco inseri-lo naquele contexto. Ele esclarece que cortou o cabelo, a barba e que saiu de lá, e não está nem mesmo na rua. Arrumou um trabalho de auxiliar de uma transportadora e tinha conseguido alugar um quarto em uma pensão. Diz da sua alegria de estar naquela festa e de encontrar pessoas que estiveram com ele quando estava no inferno. Aos poucos consigo adequar sua narrativa com imagens anteriores de sua presença na Cracolândia. E se a festa estava maravilhosa ficou ainda melhor, pois sempre me é muito gratificante e emocionante saber de vidas que conseguem emergir das trevas para a luz em busca de dignidade e de sua própria humanidade. Paz e bem!

PARÊMIA DE NATAL NA CRACOLÂNDIA I

Natal! As pessoas estão envoltas com suas famílias em torno de mesas fartas em congraçamento pelo natal. Até mesmo aquelas que perderam o vínculo com a religiosidade da data, e apenas respondem ao consumismo, ainda assim sentem-se felizes pela comemoração. Na Cracolândia não há a menor diferença entre essa data e outros dias. O mesmo frenesi alucinado das pessoas circulando pelo fluxo, a mesma quantidade absurda de pessoas amontoadas nas sarjetas. Tudo, absolutamente tudo é igual. Nada a indicar que nesse dia se comemora o natal, data consagrada para se reverenciar o nascimento do menino Jesus. E também para uma reflexão de necessidade de uma nova postura espiritual de paz e amor. Observo uma criança de cerca de oito anos de idade jogada na sarjeta dormindo em completo torpor sem que qualquer ruído externo fosse capaz de minimamente alterar-lhe esse estado. Dizem os escritos que Jesus nasceu em uma manjedoura em ambiente pobre e sem qualquer proteção. E para os religiosos comprometidos com trabalhos voltados para a população de rua, essa é verdadeiramente a presença desse Jesus entre nós. Ele não está nos templos de oração, certamente não. Se Ele tiver que se manifestar a nós, certamente é na figura dessa criança jogada na sarjeta sem qualquer proteção. E isso antes de qualquer outra reflexão enseja a total falência do Estado com seu Estatuto da Criança e Adolescente. É elencado em vários itens o modo como o manto protetor desse Estado deve proteger nossas crianças. E na realidade das ruas temos essas cenas que mais do que nos deprimir arrasam nossa dignidade, e até mesmo com nossa humanidade. Paz e bem!

PARÊMIA DE NATAL NA CRACOLÂNDIA II

Natal! A mitificação presente no natal faz com que algumas pessoas estejam enternecidas tentando uma solidariedade que não se faz presente em outros momentos. É natal, e isso faz com que muitos tentem buscar um sentido de amor e paz para suas vidas. Pergunto para algumas pessoas na Cracolândia se elas sabem em que dia estamos. E a resposta mais frequente é domingo, pois se trata do dia em que muitas pessoas vão até aquele canto levar solidariedade e um pouco de espiritualidade àquelas pessoas. Nem de longe alguém minimamente falou tratar-se do natal. Nada! E assim como outras tantas pessoas também se afastam das comemorações natalinas pelas mais diversas razões, essas estão atiradas à míngua sem qualquer atenuante aos seus sofrimentos e pesadelo. Falar em natal ou em solidariedade humana é tão insólito quanto abordar questões de dignidade e respeito humano. A desolação e degradação humana da Cracolândia mostra a penúria em faceta tão contundente que tudo se torna simplesmente indescritível. Impressão que se tem é que o Santo Demônio se inspirou na Cracolândia para a criação do inferno. E ainda assim não conseguiu algo tão aterrador, desesperador e nessa dimensão surreal. E ademais o contraponto de que o inferno é o lugar em que alguns irão ficar por toda a eternidade não atenua o fato devastador dessa realidade ainda que seja por alguns dias, meses e anos nesse contexto da Cracolândia. E que nada, absolutamente nada pode ser tão degradante e humilhante à condição humana. Nada tem o poder de nos fazer sentir tão calhordas quanto nossa indiferença a essa brutal exclusão social de nossa sociedade em que tantas vidas são atiradas a total situação de miséria humana. E nada pode nos trazer de volta nossas próprias humanidades enquanto assistirmos a essa degradação de modo tão impassível e resoluto. Paz e bem!

PARÊMIA DE NATAL NA CRACOLÂNDIA III

Natal! O contraponto da fartura e comilança presentes na maioria das mesas da classe média brasileira destoa da realidade das pessoas em situação de rua. E quando falamos dessas pessoas nas sarjetas da Cracolândia o que temos é uma imagem ainda mais cruel de degradação humana. Nada que possa nos aproximar minimamente de qualquer traço que nos implique em nossa humanidade. Essa situação envolve pessoas que ficam por vários dias simplesmente cachimbando sem qualquer vestígio de cuidados com higiene, alimentação ou qualquer coisa que implique zelo mínimo por sua condição humana. A fraternidade e solidariedade evocada pelo chamado espírito natalina ficam muito distantes dessa realidade em que as pessoas vivem como verdadeiro zumbis buscando apenas e tão somente a pedra para aplacar suas angústias e desespero humano. A pedra esverdeada com sua aparência de um punhado de rapadura é o que se deseja. Mais do que os pratos típicos de natal, o que se quer é a pedra que os afasta da realidade e dá contornos específicos de dramaticidade à própria vida. Nada de panetones, espumantes, perus, nozes, castanhas, apenas a pedra é desejada para que a vida continue sendo suportável até que o Santo Demônio finalmente os leve para a paz definitiva. De resto, natal, domingo, dia santo, feriado, dia comum, tudo, absolutamente tudo é igual. Não há diferença entre o dia e a noite para o consumo da pedra tão buscada, e nem tampouco qualquer parâmetro que não seja seus efeitos e a partilha desse bem tão precioso e tão desejado. De resto, natal, ano novo, carnaval, páscoa são referência que não dizem respeito a quem vive nas ruas da Cracolândia. Sua única referência é a pedra. E quando falta existe agressividade e tensão intangível no ar. Irritabilidade que só se esvai quando surge a pedra tão desejada. Tudo então se transforma e a vida ganha contornos que a percepção de quem vive fora dessa realidade jamais consegue alcançar ou até mesmo imaginar. Paz e bem!

PARÊMIA ONDE O SANTO DEMÔNIO SE INSPIROU PARA CRIAR O INFERNO

No quadrilátero da Cracolândia qualquer pessoa pode transitar livremente pelas calçadas. E isso em que pese o número de pessoas simplesmente jogadas na sarjeta totalmente inconsciente e à mercê da própria destrutividade. No chamado *fluxo*, que é no meio da rua onde o frenesi acontece apenas às vítimas do crack e pessoas por eles respeitadas circulam. Nem mesmo os policiais que cuidam para que essas vítimas se mantenham sitiadas nesse quadrilátero arriscam circular pelo *fluxo*. E certamente a maior prova do respeito que gozo junto a eles é circular livremente como se fosse um deles. O *fluxo* mostra o comércio de crack, a venda de outras bugigangas para a obtenção do dinheiro mínimo para a manutenção do vício, e principalmente um nível de degradação moral e humano inefável. Inimagináveis. O que se assiste aí é algo de sandice simplesmente irreal. Desde pessoas simplesmente cachimbando como se nada mais existisse em seu entorno, até pessoas que nos agarram nos braços pedindo para que as retiremos de lá. Cenas tão degradantes das pessoas em cócoras partilhando o mesmo cachimbo, e a exibir lábios e mãos queimadas pelo número excessivo de horas nessa atividade, até o desfalecimento por total desnutrição e insuficiência vital. Pessoas que cachimbam diante de outras que choram um choro desesperado de dor por estarem nessa situação. Certamente o Santo Demônio esteve por lá para ter subsídios para criar o Inferno. Mas não conseguiu! Ele nem ninguém serão capazes de conceber algo pior do que aquilo. Crianças largadas à própria sorte e envoltas na droga como se já fossem adultos responsáveis por suas escolhas. E muitas dessas crianças são nascidas na própria Cracolândia, ou seja, sequer são registradas e existem legalmente. São sitiadas para que não perturbem a paz social e nem tampouco se tornem adolescentes a delinquir. O Santo Demônio não teria como conceber algo tão cruel, desumano e tão excludente. Paz e Bem!

PARÊMIA MALDITO SEJA DEUS! BENDITO SEJA O SANTO DEMÔNIO

Ouço com frequência pessoas falarem que Deus é pai, bondade, misericórdia e tantos outros atributos de doçura e amor. E chego a acreditar que a humanidade realmente está a caminho de dias melhores. Dias de fraternidade, justeza, esperança e cordialidade entre as pessoas. E ao andar pela Cracolândia a primeira coisa que me ocorre é que Ele, então, ainda não lançou seu manto de proteção e amor sobre aqueles cantos. E isso em que pese o tanto de religiosos que de maneira generosa e caritativa levam um pouco de espiritualidade àqueles cantos esquecidos pela maioria das pessoas. Mas eles professam e propagam a imagem desse Deus tão bondoso e acolhedor sem a efetivação de mudanças criveis e sensíveis... E o que me ocorre de início é o fato de que talvez Ele ainda não tenha atendido a esses pedidos, e não tenha acudido a tantas pessoas atiradas na lama da destruição e do aniquilamento de qualquer resquício de dignidade humana. Mas se Deus insiste em se mostrar ausente da Cracolândia, o Santo Demônio se faz presente em toda sua magnitude. Lá ele encontrou a inspiração para a criação do inferno. E também é de lá o laboratório para seus intentos de levar o ser humano a degradação e humilhação sequer imagináveis. Sua fúria de destruição é plenamente contemplada com a conivência do Estado omisso. Estado que promove a brutal exclusão social em que milhares de pessoas são atiradas na lama da degradação moral e humana impiedosamente a cada dia. O Demônio mostra sua exuberância com requintes de crueldades e destruição que a suposta bondade e o amor de Deus não conseguem interferir e impedir. A questão então se torna resolúvel em paradigma bastante simples, pois se os incrédulos negam a todo instante a existência de Deus buscando provas de suas manifestações, ao Demônio não existe qualquer objeção. Sua obra de destruição humana está em todos os cantos em que repousamos o olhar. Paz e bem!

PARÊMIA CONVIVENDO COM O SANTO DEMÔNIO

Quem imagina que o Santo Demônio é um ser de chifres, patas semelhantes aos cavalos ou bois, rabo, tridente nas mãos, ou qualquer coisa do gênero se engana em grande redundância. Não! O Santo demônio não possui esse aspecto desprezível descrito pelas escrituras e pelos artistas plásticos que o retrataram ao longo dos séculos. Ele, ao contrário do que insistem em mostrar, se mostra afável e de configuração humana. E na maioria das vezes mostrando-se alguém muito preocupado com a condição humana. Sua atuação também não mostra destrutividade aparente, e nem tampouco algo que signifique a personificação do mal. Em alguns momentos ele se apresenta com ternos de finos corte e roupas talhadas por grandes alfaiates. Na Cracolândia ele apresenta diversas configurações. Mostra-se na figura das autoridades municipais que instituíram a *limpeza* em dois momentos do dia quando, então, tudo que for encontrado nas ruas e que pertença às vítimas do crack é impiedosamente atirado dentro do caminhão de limpeza e levado para o aterro sanitário. Ainda está presente nos idealizadores da política higienista implantada na cidade de São Paulo e que faz tantas vítimas diariamente junto à população de rua. Ele aparece também na figura dos policiais truculentos que espancam implacavelmente as vítimas de crack e outras pessoas em situação de rua como se essas fossem algo simplesmente inominável e desprezível. Outra de suas configurações é na figura do traficante que no afã de vender sua mercadoria de alto teor de letalidade não tem o menor escrúpulo sobre as vidas que estão sendo ceifadas a partir de seu produto. Igualmente ele se apresenta na figura dos políticos que em época de eleição recebem as chamadas doações que não mais são do que investimentos feitos por grandes empresas. E que naturalmente serão cobradas durante a gestão desses políticos como benesse aos seus interesses empresariais. O Santo Demônio também se configura nos gestores públicos que efetivam o processo de higienização da Cracolândia. E que atende apenas e tão somente a interesses corporativos de empresas que fizeram investimento na campanha eleitoral, e na contrapartida exigem o local livre dessas vítimas para que seus negócios não sejam prejudicados. Ele também se manifesta nos representantes do judiciário que atendem apenas aos interesses dos poderosos sem qualquer piedade aos excluídos e combalidos da vida. O Santo Demônio em suas diferentes configurações abarca a todos sem qualquer distinção de gênero ou condição social. Paz e bem!

PARÊMIA O SANTO DEMÔNIO EM FÚRIA

Cracolândia. São cerca de 16h. Alguns valentes policiais da Guarda Civil Metropolitana acuam uma vítima de crack, tentando imobilizá-lo. Tudo sob os olhares auspiciosos do comandante da área. Pergunto o que está acontecendo para aquela cena de violência contra aquele homem desarmado e totalmente indefeso. Além de um estado alterado de consciência que não permitia sequer a menor possibilidade de qualquer diálogo. O corajoso comandante me diz então, que aquele homem havia desacatado a autoridade dos policiais e que era necessário que ele se retratasse. Do contrário, ele seria encaminhado a um distrito policial para registro de ocorrência. E com toda a paciência que não tenho nesses momentos tive um lampejo de verdadeira ascese espiritual e disse ao nosso heroico comandante que essa retratação seria possível se ele solicitasse a mim, ou a qualquer pessoa que estivesse no gozo de sua plena consciência. Mas não àquele homem que do jeito em que se encontrava talvez não soubesse nem mesmo seu próprio nome. O nosso comandante evocava até Deus para justificar que eles precisam ser respeitados. E que aquelas pessoas da Cracolândia não respeitam nada nem ninguém. Afirmou ainda que eles estão ali trabalhando e merecem respeito e dignidade às suas atividades. Novamente argumentei que lá ninguém, absolutamente ninguém deliberadamente estava desrespeitando a quem quer que fosse. Eles apenas viviam em um estado de torpor provocado pelo crack que tudo o mais era consequência. E enquanto conversavamos os valentes policiais imobilizavam o homem ensandecido pela droga e lhe dirigiam todo tipo de acusação. Ele simplesmente parecia demonstrar total alheamento a tudo que acontecia ao seu redor. E diferentemente do que acreditavam os policiais não era agressão deliberada nem tampouco desrespeito. Era apenas e tão somente um estado de alteração de consciência que impedia qualquer lampejo de lucidez. Disse então ao comandante se eles não aceitariam as minhas desculpas pelo ato daquela vítima. Eles se entreolharam, e finalmente aceitaram que pedisse desculpas pelo desacato realizado por aquele homem. Então respeitosamente pedi desculpas por eles terem sido desrespeitados de modo tão severo, e que aceitassem o meu pedido de desculpas pelo ocorrido. O homem então foi solto e impressão que causava era que sequer sabia o que estava acontecendo, e nem tampouco porque havia sido admoestado. Os policiais então se mostraram satisfeitos com essa situação de poder em que o que mais ficou evidenciado foi o arbítrio que envolveu esse episódio. Pedi desculpas e isso foi suficiente para que as ofensas fossem desconsideradas. O despreparo dessas pessoas deslocadas para atuar na Cracolândia é simplesmente indescritível. E nos faz crer que isso tudo nada mais é do que o Santo Demônio mostrando sua fúria em uma de suas inúmeras facetas. Paz e bem!

PARÊMIA ESTÉTICA, RELIGIOSIDADE E A BUSCA DO SAGRADO

Quarto domingo do mês e a Pastoral da Rua realiza a tradicional missa mensal junto às pessoas em situação de rua. E desde alguns meses, houve uma diversificação dos locais das missas. Anteriormente o local era sempre a Cracolândia, mas atualmente a cada mês um novo local é contemplado. Os religiosos tendo à frente os. Pés. Julio Lancelloti e Pe. Geraldo Nascimento com o auxílio de Denise Rosa, Ricardo Venturino, Frei Tarcísio se esmeram na tentativa de levar um bocadinho de espiritualidade a essas pessoas. E verdadeiramente se existe algo na tentativa de se viver os ensinamentos de Cristo, creio que esse grupo representa o que existe de mais cristão. Em contraponto com padres que ficam cantando e rebolando nas TVs para promoverem CDs e DVDs com canções novas, esse grupo está junto ao que existe de mais excludente em nossa sociedade. E justamente acolhendo pessoas que foram atiradas às raias do ostracismo em total situação de abandono e aniquilamento. É sempre comovente ver essas cerimônias junto àqueles que estão em sua situação de total penúria física e humana. Geralmente desdentados e mal-cheirosos pela situação de rua, são acolhidos em suas dores e preces, e mesmo sendo chamados a participarem da homilia. A vivência junto a essas pessoas mostra a idiotia daqueles que de modo dantesco afirmam que com o fechamento dos manicômios as pessoas em situação de sofrimento psíquico foram simplesmente atiradas a rua. Verdadeiramente essas pessoas estão em constante estado de entorpecimento mental, seja pelo consumo excessivo de álcool, crack e outras drogas. Trata-se algo até mesmo explicável para se suportar a situação das ruas, onde nas noites convivem com ratos que perambulam entre eles em busca de restos de comida. Enfim... O inusitado desse domingo foi algo muito sensível na questão da estética e da busca do Sagrado. Estava sentado, após a missa, em uma das cadeiras utilizadas pelos padres quando uma moça senta ao meu lado e sem qualquer titubeio afirma, "o senhor é muito bonito para ser padre". Respondo que não sou padre. Ela ri e diz, "ainda bem, pois seria muito desperdício". E conclui sem devaneio, "O senhor é pra ser artista ou cantor". Rio e argumento que a estética não é determinante para alguém ser ou não religioso, e ela simplesmente argumenta que esse desperdício não seria do agrado de Deus. O Ricardo ri bastante e argumenta que as pessoas bonitas ao se entregarem a Deus estão entregando também além da alma sua beleza física. E, no entanto, se não existe conceito universal de beleza qual seria a estética ideal para se buscar o Sagrado, a meramente física, ou aquela enfeixada na ascese espiritual de leituras e reflexões filosóficas efetivadas ao longo da vida?! Interessante que até mesmo para se buscar o Sagrado parece que para muitas pessoas a questão da estética irá determinar os caminhos a serem seguidos. Enfim... Paz e bem!

PARÊMIA INFLAMAÇÃO NO OMBRO E CRACOLÂNDIA

Desde alguns dias estou sentindo uma dor infernal no ombro direito. Inflamação que cedeu apenas algumas horas após a fricção de anti-inflamatório portentoso na região inflamada, além da imobilização do membro afetado. Então me ocorre uma reflexão imediata sobre as pessoas que acolhemos em nossa cotidianidade e que estão em situação de rua. Principalmente as vítimas do crack. Sua condição de exclusão não se manifesta apenas na falta de moradia, ou de acolhimento do manto protetor do estado. Em situações de pequenas enfermidades como a que me acometeu nesses dias, e que praticamente nada é diante de tantos desatinos que essas pessoas vivem, seu desamparo se torna ainda mais cruel. Quantas pessoas padecem das mais graves enfermidades nas ruas e são deslocadas para pronto atendimento apenas e tão somente quando seu estado já se mostra crítico, e praticamente irreversível. Lembro sempre de uma mulher de cerca de trinta anos na Cracolândia em processo de hemorragia gástrica e que foi levada ao atendimento médico quando praticamente nada mais restava a ser feito. Suas vidas se arrastam em busca apenas e tão somente do mínimo necessário para suas sobrevivências. E cuidados com a própria saúde acabam se tornando detalhes totalmente desprovidos de sentido e razão diante de tantos desatinos que assolam suas vidas. Simples assim, para minha inflamação bastou cuidados como imobilização do ombro e aplicação de anti-inflamatório. As condições mínimas de sobrevivência não são buscadas nesse afã de quem busca desde o alimento até o abrigo contra a chuva e os desatinos das ruas. Hoje a Cracolândia está sob um sol escaldante com pessoas jogadas nas sarjetas como sempre. Como também têm em sua população inúmeras pessoas que está necessitando de cuidados médicos e hospitalares, e que, no entanto estão atiradas à sua própria sorte. Triste sociedade em que as vítimas de sua cruel exclusão social são jogadas em condições não apenas sub-humanas, mas principalmente sob os olhares impiedosos daqueles que deveriam estar provendo um mínimo de amparo social através dos recursos públicos. Talvez exista uma ideia de que estamos distantes desses desatinos, e que essa condição de barbárie simplesmente não nos diz respeito. Paz e bem!

PARÊMIA DOMINGO É DIA SANTO. DO SANTO DEMÔNIO

Desde a infância o domingo era reservado à missa matinal seguido do almoço em família, e como não se lembrar das deliciosas macarronadas da Vó Italiana, e do futebol, também em família, no fim de tarde. A partir desses marcos de vida o domingo sempre foi um dia em que minimamente era para se almoçar em casa, ainda que muitas vezes sem companhia. Dia de se voltar para si em reflexão sobre a própria vida e seus desatinos. E mesmo não tendo mais o Senhor em meus caminhos, preservo o domingo como um dia de intervalo na vida, e isso em que pese muitas vezes trabalhar nesse dia. Reflexo desses tempos de domingos cristãos é que ainda frequento em algumas ocasiões vou as missas do Mosteiro São Bento pelo fascínio do canto gregoriano. Nos últimos tempos, no entanto, a minha trajetória de domingo incluí a Cracolândia e os combalidos em situação de rua na companhia de Denise Rosa, Ricardo Venturino Manoel Chaves Braga, Pe.Julio Lancelotti, Ana Maria Silva Alexandre e Irmã Chiara entre outros. E ainda que eles se mostrem como sendo a presença de Deus entre os homens a única coisa que consigo visualizar nesses escombros humanos é a presença do Santo Demônio. Somente ele pode provocar tanto humilhação e maldade nos corações humanos uma vez que os mensageiros da palavra de Deus falam em bondade, perdão e fraternidade entre os homens. Mas o que vemos é uma situação de brutal excludência e excrescência social em que algumas pessoas são atiradas às raias da desigualdade e até mesmo da fome. E isso provocado por outros seres humanos movidos apenas e tão somente pela ganância de lucros infinita. As ruas mostram a presença soberana e indiscutível da soberania do Santo Demônio com sua destruição tanto nos escombros desses cantos da cidade como na penúria física e moral das pessoas nessas situações tão degradantes. Crianças sem documentos; pessoas em estágio de terminalidade padecendo nas ruas; seres que apenas vagamente lembram sua humanidade. E uma situação de total falta de qualquer vestígio de higiene e condições mínimas de dignidade sanitária. Eu que não creio tento rezar por eles e pedir que minimamente esses mensageiros de Deus jamais esmoreçam diante de tantas dificuldades. Paz e bem!

PARÊMIA DOMINGO SEM CRACOLÂNDIA. LONGE DO SANTO DEMÔNIO

São 15h e ao observar o relógio me dou conta de que nesse horário em outras circunstâncias estaria na Cracolândia junto com os companheiros dessa jornada junto aos desvalidos e combalidos desse canto. Em viagem profissional nos últimos domingos não tenho estado presente por lá nesses horários. Apenas em algumas terças-feiras pela madrugada apareço por lá, mas aí sempre para ver a situação junto aos comandos policiais. Sensação estranha a de se sentir presença de um canto completamente abandonado por tudo e por todos. E seguramente com exceção de algumas pessoas que esperam por nós, a simples ausência não altera o frenesi desesperador daquele pedaço de inferno. Longe! Mas com a alma e o coração pulsando na Cracolândia a imaginar os companheiros desenvolvendo esse trabalho que sabemos nada mais ser que não uma forma de denúncia política dessas atrocidades de exclusão social cometidas contra as pessoas em situação de rua. Denunciamos até ficarmos em estado de total rouquidão. Gritamos contra a injustiça desse nosso sistema social e político que simplesmente humilha a todos que são lançados à margem da disputa predatória do neoliberalismo. Usamos os espaços que possuímos para efetivarmos nossa denúncia, seja por redes sociais, livros, publicações etc. E quando somos indagados se isso irá surtir algum efeito nos damos conta de que a absurdidade maior disso tudo é justamente essa: a total insensibilidade das pessoas para com o sofrimento e desespero do outro. Vidas que são lançadas às raias da desesperança sem que minimamente isso possa sensibilizar a sociedade como um todo. Pessoas que se atropelam na vida, nos shoppings centers, nas ruas não podem perder tempo com quem foi lançado à margem da vida pela brutal excludência da nossa sociedade. Ratos que se misturam a pessoas em busca de restos de alimentos, e tudo absolutamente tudo segue seu curso dentro de algo que se considera normal, simplesmente normal. Falamos de exclusão social e somos indagados se conseguimos recuperar alguém do vício do crack, como se o problema da Cracolândia fosse o crack e não a violência da exclusão social. Falamos em desigualdade e da violência dos aparatos policiais contra essas pessoas e nos perguntam se já procurarmos pelas autoridades competentes como se essas não fossem as guardiãs da sociedade justamente contra essas pessoas. Dizemos de nossa indignação com esse estado de coisas e até mesmo recomendação para a prática de esportes e lazer já nos foi recomendado como forma de alívio do estresse. Outros contribuem com nosso trabalho com suas orações. E esses ao menos acreditam que estão nos ajudando ao invocar Deus para nos proteger. O que não sabem é que a Cracolândia é espaço da mais poderosa das forças da destruição, o Santo Demônio. Deus nada pode nesse contexto. Longe! Mas presente, continuamente presente. É como se a Cracolândia fosse conosco para outros cantos. Paz e bem!

PARÊMIA A QUESTÃO MANICOMIAL E A CRACOLÂNIDA

Vicejam no pensamento imagens de uma reunião alguns meses atrás em que um *notório saber* (essa é a maneira que usamos no universo acadêmico em geral para desqualificar o interlocutor, e ao mesmo tempo em que o uso me penitencio por isso), em fórum inapropriado para a questão, dirige aos presentes comentários sobre a questão manicomial. Inicialmente se dedica a criticar a Reforma Psiquiátrica enfeixada por diversas entidades acadêmicas e sociais fazendo referência a *Eles*, como se esse *Eles* fosse entidade cósmica, e não um grupo composto por pessoas dos mais diferentes matizes. E o pior sabendo que eu particularmente faço parte desse grupo simplesmente denominado de *Eles* teceu críticas ácidas usando, inclusive, citações de um livro meu que havia sido presenteado por mim mesmo. Enfim... Teceu loas alegando que com o fechamento dos manicômios os doentes estavam simplesmente sendo jogado na rua sem qualquer tipo de cuidado. E que a criação dos Caps (Centros de atendimentos criados para suprir a demanda dos pacientes em situação de sofrimentos psíquicos), simplesmente não conseguia atender a necessidade desses pacientes. Outros doutos imediatamente acolheram essa tese e passaram a igualmente criticar tudo que envolve a ação do Movimento de Luta Anti Manicomial e consequentemente a Reforma Psiquiátrica. Preferi sair do recinto, pois no dia estava muito abalado com a morte da esposa de um amigo muito querido, e sendo ela igualmente muito preciosa. Aprendi com um companheiro de lutas pelos Direitos Humanos, o Ailton Santos, algo muito valioso, *Quem Luta Não Briga*, e isso por si faz com que evite confrontos desnecessários e simplesmente inglórios. Isso tudo me veem a mente em momento em que me deparo com uma pessoa que estava jogada na sarjeta da Cracolândia e que agora perambula pela Praça da Sé. A situação dessas pessoas em situação de rua denota um sofrimento psíquico muito grande, seja pela situação em si, seja ainda pelo torpor em que se encontram na maioria das vezes. Torpor provocado por ingestão de grande quantidade de álcool, ou de outras drogas. Ou seja, sempre irão denotar sofrimento psíquico, e sua internação em manicômios não iria trazer qualquer alívio ou beneficio, a não ser que consideremos alívio simplesmente retirá-los da rua em uma empreitada de higienização. Do contrário, a questão a ser tratada é a brutal excludência social. Absurda e dantescamente simples. E de outra parte a Reforma Psiquiátrica continua em curso. Está sendo construída e tendo seus sustentáculos revistos a cada percalço do caminho. Isso equivale a dizer que dificuldades estão trazendo novos balizamentos a esse processo de humanização do sofrimento psíquico. Crítica sempre é algo a nos mostrar patamares de determinação e superação. Única e simplesmente precisam ser embasadas em fatos e não em posicionamentos errôneos e totalmente carentes de fundamentação filosófica e teórica a. Paz e bem!

PARÊMIA MACEIÓ, DESTRUIÇÃO, VIOLÊNCIA E DEGRADAÇÃO HUMANA I

É sabido que Maceió é a segunda no ranking tenebroso das capitais mais violentas do país, cabendo a Belém a liderança isolada. Igualmente é do conhecimento de todos que Maceió ostenta o maior índice de homicídios do país tendo, inclusive, uma ação direta da Secretária de Ação Especial do Ministério da Justiça visando sua diminuição. Também é visível a degradação social da cidade estampada na maneira como os próprios moradores locais se tornaram reféns de uma violência incontida. Assusta o aviso dos próprios servidores aos hospedes para que não circulem pelas ruas no período da noite. A localização do local denominado como Cracolândia situado no centro da cidade ao lado da Secretaria de Habitação Popular e Saneamento é detalhamento de fina ironia ao amontoado de seres humanos em degradação contínua a qualquer instante do dia ou da noite. É como se fosse buscado um contraponto da miséria humana a tentativa da administração local com habitação e saneamento básico. Impressiona ainda as sérias denúncias feitas pela imprensa, através de depoimentos de vereadores da Câmara Municipal local, de que crianças assistidas pela Sociedade Pestalozzi estejam sendo usadas como *aviãozinhos* pelo tráfico. Verdadeiramente quando se acredita ter visto tudo que se pode conceber em matéria de degradação humana, o Santo Demônio nos mostra que tudo pode piorar ainda mais. E Maceió com seus recantos paradisíacos e praias exuberantes se torna cada vez mais uma capital de violência exacerbada em que os dejetos humanos se amontoam em ritual macabro de destruição e degradação. Anda-se pela Cracolândia de São Paulo, até mesmo no fluxo quando se é respeitado e conhecido pelas vítimas do crack, mas em Maceió o tráfico proíbe que até mesmo o policiamento tenha presença ostensiva. O Pe. Mario pergunta como intervir nesse cenário a partir da experiência de São Paulo, e sem resposta buscamos novas indagações. Enfim... Paz e bem!

PARÊMIA MACEIÓ, DESTRUIÇÃO, VIOLÊNCIA E DEGRADAÇÃO HUMANA II

A Mainha era alagoana e ver essa degradação significa algo além de uma realidade sórdida em si. Convivo com muitos lugares degradados, mas a realidade de Maceió, de alguma maneira, traz resquícios de outras realidades. A Mainha quando ia visitar sua cidade natal, Batalha, necessariamente passava por Maceió, e isso acabou sendo uma referência afetiva em nossas vidas. A violência em suas múltiplas facetas de Maceió me é mais acintosa do que as ocorrências de Belém, Fortaleza, João Pessoa e Natal, as outras cidades que compõem o cenário de violência das capitais brasileiras. É como se aquela imagem mítica de Maceió não pudesse estar conspurcada pela violência que a torna o maior índice de homicídios do país. Não é possível que aquela cidade fascinante da infância esteja nesse nível de degradação com as pessoas acuadas e reféns da violência. Ver Maceió tão depauperada é como ter um pedaço da infância violentamente arrancada de dentro do peito E, ironicamente em minhas viagens profissionais às cidades do Nordeste, Maceió com todo esse meu envolvimento de memórias afetivas, é o local em que não tenho o calor maravilhosamente nordestino de outros cantos. Com exceção de uma viagem ainda na década de 1990, tenho sempre dissabores de outras passagens por esse canto que faz parte de modo inexorável da minha história. E agora, ao me deparar com tamanha crueza, a sensação que me invade a alma é que esse cenário tão maravilhoso não poderia jamais ser palco de tanta violência e leniência das autoridades governamentais. A violenta exclusão social presenciada em outras cidades deveria preservar Maceió, ao menos em meu imaginário, Mas, na realidade, tanto quanto qualquer outra cidade do país possui uma elite que se beneficia com a miséria e suas mazelas. E lamentavelmente parece que o contraste da miséria reinante no Nordeste escancara de modo ainda mais desumano a presença dessas elites e sua criação de riquezas sobre misérias simplesmente inenarráveis. E surge o crack, e responsabiliza-lo por tudo é muito conveniente a essa corja em que se traveste principalmente a elite nordestina. Passear pela orla marítima de Maceió, e ver a cor maravilhosamente esverdeada e inigualável de suas águas, é tornar ainda mais drástico todas as mazelas dessa violência que a tornou simplesmente algo indefinível diante do quietismo das autoridades em todos os níveis. Paz e bem!

PARÊMIA A CRACOLÂNDIA INCRUSTADA NA ALMA

Saio de um concerto extasiado pela beleza e suavidade da música. Faço uma breve refeição na própria lanchonete da sala de espetáculo, e ao invés de ir direto para casa passo pela Cracolândia. Nada a exigir minha presença, e nem mesmo alguma solicitação para intervir diante da crueza policial. Nada, absolutamente nada a exigir minha presença naqueles cantos. E tal qual um sem número de pessoas que antes de irem para casa precisam passar por um bar para beberem algo e conversarem um dedinho de prosa com os amigos vou a Cracolândia. E na noite as coisas são mais tétricas, mais horrorosas, pois a presença das centenas de ratos perambulando por entre as pessoas em busca de restos de comidas sem que essas minimamente se manifestem diante de presença tão dantesca é igualmente surreal. Surreal e simplesmente sem qualquer vestígio minimamente humano. Noite fria e de chuva em São Paulo, e o contato com aquelas pessoas simplesmente lançadas à própria sorte sem qualquer proteção diante desse açoite climático é simplesmente indescritível. Encontro com Antenor que me cumprimenta entre surpreso e feliz, "Anjo você sumiu daqui, faz tempo que não te via por aqui". Digo que na verdade deve ter havido algum desencontro, pois se não estava com a sequência de antes, também não tinha deixado de vir, principalmente nas noites e madrugadas. Ele então me diz que havia se afastado da Cracolândia e que tinha voltado para a família e trabalho. Pergunto então o que ele fazia por lá, e ele então me diz que depois de ficar cerca de cinco meses limpo não resistiu e voltou a Cracolândia. Voltou à vida sem regras, limites, horários e compromissos de qualquer ordem. Pergunto como era essa questão com a família nessas idas e vindas a Cracolândia, e ele simplesmente responde que isso não era algo a impedi-lo de voltar àquele pedaço de inferno, pois sente que sua verdadeira vida, seus verdadeiros semelhantes estão lá jogados na sarjeta. E que essa era sua verdadeira vida e qualquer tentativa de mudança era falsa, pois a Cracolândia era seu verdadeiro esteio de vida. E por piores e mais adversas que fossem as condições de vida havia uma força irresistível, e que de modo totalmente magnético os imantava irreversivelmente para lá. Despedimo-nos e volto com a sensação de que a Cracolândia é algo mais forte do que possíveis vínculos familiares e sociais. E mesmo de possíveis explicações psicológicas, sociais ou mesmo políticas. E ao observar as crianças que perambulam por lá sem documentos e qualquer proteção social, creio que estou diante da maior criação do Santo Demônio, a cartada final de que por pior que seja a condição humana ainda é possível piorar sua degradação. Subo a serra envolta em forte chuva rompendo a neblina densa, e com a sensação de que, por pior que seja o enfrentamento dessa adversidade, o contato com a Cracolândia faz com que tudo, absolutamente tudo perca importância tamanha sua magnitude destrutiva. Paz e bem!

PARÊMIA BLOCOLÂNDIA. O BLOCO DE CARNAVAL DA CRACOLÂNDIA

Domingo de carnaval, e um bloco diferente circula pelas ruas do bairro da Luz. Um bloco diferente dos tradicionais que hoje fazem parte do cenário na cidade de São Paulo. São pessoas que normalmente estão sitiadas em um quadrilátero na Cracolândia. Pessoas que na maioria das vezes estão cercadas de um lado pela Polícia Militar, e de outro pela Guarda Civil Metropolitana. E graças a um grupo de abnegados que se dispôs a ensaiar com eles algumas marchas carnavalescas, bem como subsidiar os instrumentos necessários, essas pessoas puderam circular pelo bairro entoando seus cantos carnavalescos. Não se pode dizer da alegria de minimamente saírem da condição sitiada e poder andar pelas ruas como se fossem cidadãos semelhantes aos outros tantos habitantes da metrópole. Embora muitos estejam desdentados e em péssimas condições de saúde geral, o que temos é um momento, um hiato em que as condições adversas cedem lugar a uma alegria genuína representada pelo carnaval. E se considerarmos que a vida nada mais é do que fagulhas em que se alternam momentos de desatinos e enfrentamentos com situações prazerosas, temos então, que naqueles instantes a vida pulsou alegria e arrebatamento. E isso verdadeiramente não é pouco se considerarmos que muitas dessas vítimas do crack têm seus dias envoltos no torpor provocado pelo uso contínuo da droga e que não permite sequer qualquer outra possibilidade que não a mera ingestão contínua e desenfreada da droga. Mas nesse domingo de carnaval a vida pulsou alegria; sentiram um prazer que não o provocado pela droga. Puderam se sentir pessoas sem a brutal exclusão social de que são vítimas. E ao menos nessa situação carnavalesca com o canto das tradicionais marchinhas carnavalescas a vida se mostrou promissora e azul.

PARÊMIA DOMINGO DE PÁSCOA NA CRACOLÂNDIA

Páscoa! Esperança de renovação da vida que pede transformação. Os religiosos comemoram o tempo da passagem, da ressurreição, e acima de tudo da fraternização humana. E sem dizer da apropriação feita pelos chocolates e outras iguarias circundando essa data. Presença de todos os tipos de chocolates e suas diferentes configurações, além da deliciosa colomba pascal. Famílias em torno da mesa fazendo dessa data um congraçamento familiar em que todos acorrem para estar juntos nesse momento de união e fraternidade. Não na Cracolândia. Lá não existe espaço para nenhum tipo de confraternização que não a destruição e a total sensação de abandono e exclusão plausíveis a olho nu. Nada nem ninguém a mudar o frenesi alucinante no fluxo em busca da droga, nem mesmo o estado de total abandono da própria condição humana. Os mesmos olhares de angústia e desespero. A mesma situação de flagelo humano. Tudo igual a outros tantos domingos, e outros tantos dias. Sitiados pelo policiamento ostensivo da Polícia Militar de um lado e da Guarda Cível Metropolitana do outro, essas vítimas se mostram totalmente distantes e alheios às discussões sobre a destruição do crack. E na realidade quando se enfatiza o crack como sendo a causa da destruição dessas pessoas o que se efetiva na verdade um desvio da real situação dessas vítimas. Estudos recentes mostram que o crack destrói menos do que o tabaco, que continua a ser a droga que mais mata, cerca de duzentas vezes mais que todas as outras juntas. Igualmente o tabaco é a droga que mais causa dependência orgânica. A destruição do crack é a exclusão social de seus usuários, a brutal situação de desigualdade a que estão atirados onde a droga surge apenas como um lenitivo de alívio dessa situação. Ao se discutir a irreversibilidade do crack e seus efeitos destrutivos, de fato, deixamos de lado a verdadeira faceta do problema que afeta a vida dessas vítimas. É mais fácil se falar nos efeitos da droga. No tráfico, e até mesmo em seu poder destrutivo. A forma como essas pessoas estão atiradas nas ruas, seja na Cracolândia, seja ainda em outros pontos da cidade mesmo sem a presença do crack, é discussão que não cabe na maioria das esferas sociais. Feliz páscoa, ressurreição de vida, e mesmo a passagem para um novo tempo, é algo totalmente disforme nessa condição destrutiva das pessoas em condição de rua. Seja na Cracolândia, seja em outros tantos pontos da cidade. Pessoas atiradas nas sarjetas e que são invisíveis aos olhos dos demais moradores da cidade. Paz e bem!

PARÊMIA O SANTO DEMÔNIO NA CRACOLÂNDIA I

Lourdes saiu de Ipatinga, Minas Gerais, a cerca de quinze anos. Veio para São Paulo em busca de trabalho que desse uma vida digna e sem as restrições de sua condição econômica. Veio e não mais voltou. Tampouco enviou notícias aos familiares. A mãe torturada pela ausência resolveu vir procurá-la em São Paulo. E depois de perambular em vários conhecidos recebeu a informação de que Lourdes vivia na Cracolândia. E numa manhã de abril com o céu azul como sois as manhãs de abril exibe ela chega a Cracolândia, mais suja e mal-cheirosa do que nunca em que pese as limpezas em diversos horários. Nada disso importa e sim que ela está em busca de Lourdes. E amparada por diversas pessoas, inclusive com representantes do Guarda Civil Metropolitana ela começa a busca incessante esperando e rezando para que a informação da presença de sua filha naqueles cantos estivesse errada. Infelizmente depois de uma breve andança ela encontra Lourdes. A filha é apenas uma caricata da moça que deixou Ipatinga tempos atrás. Lourdes mal reconhece a mãe, seja pelo torpor provocado pela droga, seja pelo próprio distanciamento de ambas. Desdentada, suja, de roupas velhas, puídas e rasgadas, magra abraça a mãe e chora muito. A mãe lhe diz, "Filha vim buscá-la. Vamos embora pra casa". Lourdes olha pra mãe e diz, "Aqui é meu lugar, aqui nesse inferno estão meus familiares. Mãe, estou morrendo. Estou com sangramento. Saí ontem do hospital. Não vou viver mais, não aguento viver mais". As duas se abraçam e choram muito. Um choro profundo e doloroso. A mãe tenta ainda por alguns dias ir ao encontro da filha nesse cenário de desolação, e ao fim se despede, sempre chorando e volta pra Ipatinga. E com a certeza de que nunca mais verá a filha, nem mesmo em seu cortejo fúnebre. E o que me ocorre de imediato é o mistério desse detalhamento de alguém preferir ficar e morrer na rua ao invés de voltar ao seu torrão natal junto de seus familiares. Mistério profundo demais para minha compreensão. A única coisa que me ocorre é mais uma vez constatar a presença do Santo Demônio em seus domínios. Paz e bem!

PARÊMIA O SANTO DEMÔNIO NA CRACOLÂNDIA II

O corpo está estendido no chão circundado por policias da Guarda Civil Metropolitana que, além de isolá-lo, aguardam pessoas que estão fazendo o possível reconhecimento da vítima. Várias pessoas são chamadas para o reconhecimento. A várias horas que o corpo está apenas protegido por um cobertor velho sob um sol escaldante em busca de possíveis informações sobre sua identificação. Das pessoas que acorrem ao chamado dos diversos serviços de saúde para essa identificação nenhuma minimamente conhece a vítima. Finalmente chega um rapaz de cerca de vinte e cinco anos de idade e que ao se deparar com a vítima grita aos prantos, "é minha irmã". Chora muito até que consegue recompor-se para prestar esclarecimentos sobre a irmã e assim impedi-la que seja enterrada meramente como indigente. Diz então, sempre aos prantos que haviam tentado de tudo para tirá-la daquele ambiente. Eram pobres, mas trabalhavam com dignidade, e lutavam ainda, além das dificuldades da vida, para tirar Silvana da Cracolândia. Sabiam que ela estava por lá a vários anos e que, no início se prostituía para obter recursos para o consumo da droga e pagamento de um quarto de pensão onde residia. E que, no entanto, após sua total derrocada veio para a rua. Pois nem mesmo tinha o corpo para se prostituir tal seu estado de degradação e definhamento. Fornece os dados de identificação que possuía da irmã e sempre chorando acompanha a deliberação do processo. O corpo então é conduzido para o velório municipal onde ocorrerá a cerimônia fúnebre. A causa mortis parece não importar a quem quer que seja. Falência múltipla dos órgãos em plena rua, overdose letal, complicações respiratórias, enfim, a causa não importa, pois, o mais importante é a limpeza das ruas de mais uma vítima que tomba indefesa aos diante de todos. Vidas que são atiradas à lama por um vendaval de emoções em turbilhões frenéticos em que a vida passa valer apenas alguns punhados de pedras. Excluídos brutalmente por uma sociedade perversa que os atira em total estado de degradação, e na maioria das vezes quando deixam a vida são até mesmo enterrados como indigentes. Afinal não seria no término dessa situação de total desespero e exclusão que teriam um resto de dignidade. O Santo Demônio acolhe a todos em sua indulgência, pois a Ele pertence todos os indigentes dessa vida. Paz e bem!

PARÊMIA O SANTO DEMÔNIO NA CRACOLÂNDIA III

Tarde de muito calor na Cracolândia. Como se fosse um dia de Verão as pessoas transitam pelo fluxo em busca de pedras e água. E em meio a esse cenário de tensão surge um conflito entre as vítimas do crack. Policiais da PM tentam intervir para apaziguar os ânimos e não conseguem. Chamam por reforço, e em questão de segundo com a chegada de inúmeras viaturas as ruas da Cracolândia se tornam uma verdadeira praça de guerra. Gritos, brigas, empurrões, tiros. Muita violência de todos os lados. Saldo final: vários feridos removidos para hospitais da região em busca de atendimentos de emergência e uma pessoa morta. Mais uma vítima estirada no chão que sequer será identificada em seus funerais. Outra pessoa que tomba sem trégua nessa barbárie que ocorre sob nossos olhos a despeito de tudo que nos envolve socialmente. Inútil culpar os policiais responsáveis por mais esse ato de violência e truculência cometida contra a população de rua. Não que não sejam bárbaros no exercício de suas funções diante das pessoas nos mais variados contextos, sejam em passeatas, ruas, conflitos na periferia etc. A violência de seus atos é inconteste, brutal e já deixou tantos inocentes mortos, feridos e até, muitas vezes, inválidos devido à natureza dessa truculência. A questão que esse ataque na Cracolândia evidencia de modo irrebatível é a conivência com setores da sociedade que se utilizam da PM para uma assepsia social. O dedo que aciona o gatilho pode ser do policial travestido em seu uniforme e função de defesa da população e do patrimônio público, mas o desejo de morte é de todo um segmento social que prega ódio e limpeza de tudo que de alguma maneira pode admoestar seu conceito de cidadania. O policial assassino deve ser responsabilidade em seus atos violentos impiedosamente cometidos contra uma população desarmada e desassistida de qualquer proteção, mas as vozes que os impelem a tais atos também precisam ser identificadas e igualmente punidas. Seja o comando militar imediato, ou ainda secretários, governadores e toda uma série de pessoas que clama por essa exterminação diária em busca de uma limpeza étnica e social. O mais absurdo nisso tudo é justamente o fato de que a violência policial é exigida por vários segmentos sociais que estão exigindo cada vez mais o extermínio de todos que de alguma maneira ousam antepor os seus anseios de assepsia social. Paz e bem!

PARÊMIA O FRIO DA MADRUGADA PARA A POPULAÇÃO DAS RUAS

Ouvindo Debussy e sorvendo o Sangue de Cristo na versão Santa Helena mais um punhado de queijo estepe embebido em molho de ervas e azeite. Tenho a dádiva de morar no lugar mais lindo que meus olhos já contemplaram. E nessas manhãs em que a neblina da madrugada insiste em acolchoar as montanhas a espera do Sol surgindo fulgurante rompendo tudo, e trazendo o céu mais azul que se pode sonhar, a emoção é ainda maior. Espetáculo que a repetição não cansa. E certamente essa contemplação é o grande esteio que tenho para suportar tantos desatinos nesse período de turbulência, tanto do país como da minha própria vida. Muito frio na madrugada, e ao mesmo tempo em que me comprazo por ter um teto de acolhimento que me protege dessas intempéries me surge a população em situação de rua. Não há como protegê-los desse açoite que é o frio da madrugada. Por mais que levemos cobertores, mantas, blusas e outros agasalhos, eles estão expostos em ruas levando saraivada de vento e garoa por todos os lados. São seres invisíveis para a maioria da população, entulhos amontoados pelas ruas que precisam ser dizimados para a nossa assepsia social. E, de outra parte, assistimos estarrecidos os desdobramentos políticos que assolam o nosso país. E mais uma vez o que presenciamos é a acomodação de interesses da elite econômica de São Paulo que retoma o comando do país, agora sem qualquer intermediação. Tudo muito triste. Verdadeiramente inacreditável esse enredo que nos coloca em situação de total absurdidade. Mas naturalmente a elite que foi às ruas capitaneada pela FIESP, em conluio com a Globo, está feliz por ter alçado na linha sucessória do país uma figura definida pelo próprio Procurador Geral da República como delinquente, o Sr. Eduardo Cunha. Ridículo, grotesco e estapafúrdio. Foram às ruas vestindo a camisa amarela da CBF – Casa Bandida do Futebol –, entidade cercada de corrupto com seu ex-presidente preso nos EUA. Enfim, como se diz popularmente, "se cercar é hospício, se colocar lona é circo". Só falta a música usada pelos militares no período da ditadura que nos assolou para criar um clima de ufanismo que tinha um refrãozinho que dizia, "esse é um país que vai pra frente...". Paz e bem!

PARÊMIA A IDIOTIA DA PRESENÇA DA GUARDA CIVIL METROPOLITANA NA CRACOLÂNDIA

Noite quente em São Paulo. O luamento está esplendoroso prateando o fluxo nervoso das ruas da Cracolândia. São 22h00 e converso descompromissadamente com dois policiais da Guarda Civil Metropolitana (GCM) e que estão encostados em uma viatura. Pergunto se está tudo calmo nos últimos dias e um deles simplesmente responde que sim. E que eles praticamente estão ali para garantir a limpeza dos caminhões da prefeitura três vezes ao dia. E que quando existe conflito real entre os usuários quem interveem de fato é a Polícia Militar (PM). Pergunto então, se os policiais da PM, que possuem uma base nesse local, não poderiam fazer esse acompanhamento. Eles riem e dizem também não entenderem o que fazem naquele local uma vez que estão próximos da base da PM, que além de muito mais policiais, possuem um poderio de armas sensivelmente superior a GCM. E dizem ainda que ficaram sabendo da intenção da prefeitura do estabelecimento de uma base da GCM naquele local. E completam dizendo que a ROTA, uma das unidades de confrontos armados da PM, está a poucas quadras de lá, e que basta ser acionada para estar no local em questão de minutos. Não compreendem, ficam tergiversando sobre as razões políticas e mesmo administrativas para essa situação. Contam que quando estão no bairro de sua base original são interpelados pela população que se ressente da ausência de policiamento. E que são cobrados para que estejam presentes nesses locais. Respondem simplesmente que cumprem ordens e que estão lotados em outros locais. E tão logo deixam o bairro de sua base conversam entre si sobre o absurdo dessa situação. Ou seja, deixam de fazer policiamento em local em que as pessoas precisam dessa atividade para simplesmente ficar na Cracolândia ajudando os caminhões de limpeza. E isso, insistem, quando existe a forte presença da PM no local. Os comandos próximos também não tem explicação e igualmente cumprem ordens superiores. Significa dizer que em muitos bairros as escolas, postos de saúde, crianças etc., estão sem cobertura policial da GCM pela simples razão de seus oficiais estarem em número absurdo assessorando os caminhões de limpeza da prefeitura. A limpeza é feita em três horários, mas a presença da GCM no local é de 24 horas. Segundo palavras desses oficiais eles estão lá apenas como observadores de um espetáculo estarrecedor sem qualquer ação mais efetiva e que seja plausível com seus princípios de guardiões da cidadania urbana. Razões políticas não podem ser alcançadas, pois simplesmente escamoteiam interesses que não são de nossa compreensão. Paz e bem!

PARÊMIA DEUS EXISTE! NO IMAGINÁRIO DOS RELIGIOSOS, JAMAIS NAS RUAS E NA CRACOLÂNDIA

Semana que apresenta um saldo de três mortos com os corpos estendidos nas ruas da Cracolândia. Uma dessas vítimas tombou diante da violência bélica da PM, as demais de complicações apresentadas diante das condições de vida exibidas por essas pessoas. A destruição provocada pelo crack assemelha-se ao seu matiz originário, a própria cocaína que leva seu usuário a um estado de fragilidade imunológica pela falta de repouso do organismo, alimentação adequada, e principalmente à exposição de dosagens contínuas que se tornam severas por não permitir qualquer reação a esse organismo já totalmente combalido. Na Cracolândia temos ainda o agravante de que essas vítimas não possuem qualquer proteção das intempéries climática uma vez que dormem e se amontoam nas sarjetas sem qualquer vestígio de cuidados mínimos. E como agravante não apresentam a mínima higienização pessoal. Fatores que não apenas complicam a decomposição do organismo como os levam a um total abandono de sua autoestima e da própria condição de dignidade enquanto pessoas. Dias e dias cachimbando sem trégua e de cócoras. Nada de repouso ou de alimentação. E o fato de ficarem tanto tempo de cócoras ainda provoca gangrena em seus membros inferiores de tal modo que é muito grande a quantidade de pessoas que por lá perambulam de muletas, ou em cadeiras de rodas. E a violência contida pela contínua ingestão de drogas quando é liberada provoca danos e consequências irreversíveis. O mais assustador, ao menos para a minha ingenuidade, é perceber que diante de tantas mortes com os corpos estirados nas sarjetas nada muda. O fluxo contínuo e nervoso em busca da droga; a agitação das pessoas em busca de algo para preencherem seus vazios diante da vida, nada absolutamente nada se altera diante dos corpos estendidos nas sarjetas. E se torna impressionante, talvez pela presença contínua de religiosos nesse espaço a levar um pouco de alívio espiritual, e até mesmo um pouco de dignidade, além de cuidados alimentares e de higienização, o fato de que evoquem a Deus como sendo a única possibilidade para saírem desse inferno. Ilusão! Delírio, pois a Cracolândia é domínio do Santo Demônio que está em sua glória e reinado de modo soberano. Deus já se ausentou das ruas, está presente apenas no imaginário desses religiosos. Esses ao levar-lhes um pouco de espiritualidade, água, alimento, cobertores e outras tantas coisas que inegavelmente atenuam seu sofrimento, acreditam serem instrumentos de Deus diante de tanta injustiça e humilhação à condição humana. Não, não é possível que Deus, apresentado por esses religiosos como sendo bondade, misericórdia, perdão e outros tantos atributos de elevação da alma possa se comprazer com aquele estado de total desumanidade. Os corpos estirados no chão, e sem qualquer manifestação de afeto das demais vítimas mostra apenas a verdadeira face da Cracolândia. Um local onde a miséria humana não permite mais nada que não a total degradação de dignidade e de condições mínimas de definhamento corpóreo. A morte surge como salvação, a única possibilidade para livrar-lhes desse inferno. Paz e bem!

PARÊMIA DIA DAS MÃES NA CRACOLÂNDIA, DIA DE ESPLENDOR DO SANTO DEMÔNIO

Não existe nada mais desolador do que ver crianças cujas vidas se efetivam, e se esvaem nas ruas da Cracolândia. Sem nada que possa minimamente ser chamado de casa, ou qualquer outra coisa que dê sentido de proteção diante dos açoites da vida. Nada de educação escolar, e nem tampouco familiar. Crianças sendo amamentadas por mães que são vítimas do crack e que igualmente não tem qualquer perspectiva de vida que não terminar seus dias nessa realidade. Talvez um dos dias mais difíceis para mim nesse contato com as crianças da Cracolândia seja o dia das mães. E o que me vem de imediato são as cenas de mesas familiares em torno da comemoração desse dia. E até mesmo aqueles que não possuem mais suas mães nessa vida reverenciam suas memórias, e ficam mesmo desolados e até inconformados com a ausência. Não na Cracolândia em que temos mais um dia como outro qualquer. Nada que possa diferenciar esse domingo dos dias de natal, páscoa ou de qualquer outro dia em que as pessoas param suas rotinas de vida para se voltarem as comemorações das diferentes datas e festas do calendário. E o mais desolador é saber que essas crianças estão igualmente sitiadas para não perturbarem a sociedade que deseja as ruas em total assepsia de tudo que possa atrapalhar suas idealizações de tranquilidade e segurança. Essas crianças em sua quase totalidade não conseguem sequer atingir a adolescência fruto das tantas agressões impostas ao organismo. Crianças muitas vezes já fazendo uso de muletas devido à gangrena das horas de cócoras cachimbando as pedras de sonho do crack. Alimentação completamente inadequada e insuficiente para a sustentação de um organismo que está em desenvolvimento. Crianças que não tem existência legal, e que muitas vezes não fazem parte sequer dos números de mortes e desaparecidos, pois simplesmente não nasceram oficialmente. Mães e filhos que se amontoam nas sarjetas desse pedaço de inferno. E muitas vezes até vivendo a relação sanguínea de mãe e filho com os cuidados e proteção inerentes a esse vínculo. Desse modo, desde dormirem abraçados esquentando o próprio corpo no corpo do outro, até questões comezinhas de preocupação com alimentação e agasalho, vemos situações em que o cuidado e a proteção ao filho se fazem presentes. E quando vejo crianças que ainda insistem em serem crianças e brincam com outras crianças dizer que o coração sangra é reducionismo poético. A dor sentida escancara o inconformismo por essa brutalidade cometida por toda uma sociedade contra seres tão indefesos. E que estariam a merecer proteção e jamais essa forma de extermínio lenta, gradual e infalível. Minha desilusão com a condição humana se materializa na figura dessas crianças, e tudo que me ocorre é uma grande inveja de quem ainda acredita em Deus e tem o conforto da oração. Conforto de que Deus irá ajudar esses pequeninhos tão indefesos e sacrificados à mercê de uma sociedade que os transforma no escarro maior de sua própria loucura. O diálogo pertinente aos meus desatinos é a simples constatação de que a Cracolândia, embora tenha a presença admirável dos religiosos abnegados e incansáveis a levar esperança e recursos materiais que permitam um mínimo de dignidade a essas vidas, é apenas e tão somente o lugar em que o Santo Demônio se faz soberano. Lugar de destruição em que os olhares clamam por outra vida; em que o sol toca a pele mostrando que ele também se faz presente com sua luz apesar de tudo. Principalmente nessas datas em que a sociedade faz pausa em sua loucura para comemorar momentos de confraternização e até mesmo de harmonia entre as pessoas, a destrutividade desse inferno se torna ainda mais pungente. O olhar dessas crianças a clamar por ajuda, a implorar que sejam resgatadas desse inferno é o determinante de que o nosso projeto de sociedade faliu. Nada mais somos que não um grupo de pessoas que luta pela própria sobrevivência em total distanciamento de tudo que minimamente possa conspurcar nossas consciências de cidadania. Paz e bem!

PARÊMIA A NOITE DE CAMPINAS. NA CRACOLÂNDIA

É sabido que as cidades que compõem a Grande Campinas – Sumaré, Hortolândia e Campinas –, exibem os maiores índices de violências de todo o Estado de São Paulo. Os moradores de Campinas sabem que não se circula nas ruas nos períodos noturnos, e em determinados bairros nem mesmo nos períodos diurnos. Embora frequente periodicamente desde alguns anos apenas agora fui chamado a conhecer e ajudar na orientação para intervenção em sua Cracolândia. E novamente, tal já aconteceu em outras cidades, vou esperando encontrar uma realidade muito aquém de São Paulo. E novamente a realidade dos fatos me surpreende de maneira arrasadora. A Cracolândia de Campinas supera em todos os itens de destrutividade e total aniquilação dos dados mínimos de dignidade humana. Frei Agnus me solicita diretrizes do que fazer para instrumentalizar a intervenção de seu grupo para a humanização dessas vítimas. Digo a ele que inicialmente é necessário falarmos com o comando policial para termos certeza e até mesmo resguardo de nossa atuação. E assim procedemos. E que também é sempre melhor iniciarmos pelo período noturno por ser o momento em que tudo está pulsando de modo muito forte, e até mesmo os comandos policiais em seus princípios de atenção e ação. A Guarda Metropolitana de Campinas, ao contrário de São Paulo tem postura bastante diferenciada. Em São Paulo, as vítimas da Cracolândia estão sitiadas em um espaço que, em um lado existe uma base da Polícia Militar, e no outro da Guarda Civil Metropolitana. E no interior desse espaço as vítimas do crack se entorpecem sem qualquer admoestação. Em Campinas, ao contrário, segundo o comandante que gentilmente nos atendeu e orientou, eles fazem um cerco cerrado para coibir a circulação e trafico do crack. Diz ainda, que a população de vítimas de crack aumentou sobremaneira de pessoas que saíram de São Paulo nas diversas tentativas de saneamento de seus espaços. Ao fechar o cerco aos usuários e pequenos traficantes nos arredores da antiga rodoviária e Terminal Central perceberam uma migração para outros pontos da cidade. Assim hoje eles estão principalmente em seis pontos da cidade, predominantemente na região central e no bairro de Ponte Preta. Impressiona que o acesso é feito pela linha férrea, e as vítimas estão nos escombros e entre as vigas de viadutos. E a coisa mais estarrecedora é que eles se amontoam em pequenos cubículos para se protegerem tanto da ação policial como de outras formas de agressão presentes nesses locais. O comandante cita ainda uma migração dessas vítimas para o bairro Guanabara e a dificuldade para removê-las desses pontos, geralmente bairros residenciais da cidade. O número de crianças entre essas vítimas, algo que sempre me deixa estarrecido e por dias deprimido e inconsolável, lamentavelmente é incontável. E após circularmos por entre essas pessoas Frei Agnus pergunta como é possível levar algo de espiritualidade humanização nessa realidade. Digo então que esse é o nosso grande desafio. Mostrar politicamente que o drama dessas pessoas não é o uso do crack. E sim a brutal exclusão social que atira tantas vidas às raias da destruição. Paz e bem!

PARÊMIA CENAS DE CAMPINAS. NA CRACOLÂNDIA I

Desolado com a degradação humana da Cracolândia de Campinas mostro no próprio semblante o quanto estou atônito com o que presencio. Veja crianças escondidas nos escombros com os cachimbos nas mãos queimando as pedras de crack como se estivessem simplesmente fazendo algo trivial, como beber água por exemplo. Digo ao Frei Agnus da incongruência da realidade dos policiamentos de Campinas e São Paulo. Em São Paulo as polícias simplesmente toleram a ingestão de drogas no espaço da Cracolândia sem qualquer constrangimento. E confinam as vítimas de crack a uma região específica de modo a preservar a sociedade desses seres tão inoportunos e inadequados para a assepsia social. A brutal exclusão social que vitima tantas pessoas a situações tão desesperadoras os lega a uma situação de prisão sem muros. Dentro do espaço da Cracolândia tudo é permitido, mas somente dentro dessa delimitação. Em Campinas, ao contrário o policiamento da Guarda Metropolitana é intensivo e não aceita sequer minimamente qualquer movimentação de tráfico e consumo. Daí a necessidade de se amontoarem em escombros de pontes e viadutos. Amontoam-se para se protegerem da ação policial, e também da admoestação social que os açoita impiedosamente. Em Campinas a ação policial fez com que essas vítimas se dispersassem por vários bairros residenciais. Hoje eles trabalham com o mapeamento de seis pontos de distribuição e consumo da droga, mas acreditam que existem outros que ainda não estão devidamente configurados em seus controles. A população de Campinas atemorizada desde muitos anos com o alto índice de violência da cidade assiste atônita a expansão do consumo de crack para bairros sequer imagináveis para tal. E uma violência que já não tinha configuração delimitada a bairros e outros espaços, ganha na atualidade componentes incisivos de destruição. A busca por recursos para a obtenção do crack expandindo-se por diferentes pontos da cidade, faz de Campinas ainda mais violenta e perigosa. E se já ostentava o primeiro lugar no ranking das cidades mais violentas do Estado de São Paulo, certamente está a caminho de parear com outras cidades igual e insuportavelmente violentas como as principais capitais do Nordeste, principalmente Maceió, Recife e Natal. Cidades em que o domínio do crack faz com que todos se tornem reféns de uma violência incontida e sem delimitações para sua expansão. Locais em que a referência para a prostituição e outras formas de degeneração humana é o preço da pedra de crack. São Paulo apesar da mídia poderosa que divulga cada etapa de sua depreciação ainda não tem a degradação dessas cidades em que a vida humana deixou de valer como parâmetro de dignidade. O pior é o estabelecimento desse ranking de horror em que a condição humana perece e se decompõe de maneira irreversível. Paz e bem!

PARÊMIA CENAS DE CAMPINAS. NA CRACOLÂNDIA II

Rose sai dos baixos do viaduto junto à linha férrea e se dirige aflita ao Frei Agnus. Padre, padre, diz ela aos prantos, meu filho sumiu. E na sequência conta que ele está desaparecido a cerca de três dias. Conta ainda que ele não fica tanto tempo sumido, e que as vezes desaparece junto com outras crianças, mas não tanto tempo. Frei Agnus a consola e a abraça em um acolhimento simplesmente emocionante. Ela chora apoiada em seu peito. Ela sabe que não adianta pedir para que o procuremos, pois em Campinas como em São Paulo, temos a configuração mais execrável da brutal exclusão social de que essas pessoas são vítimas. Ou seja, em Campinas igualmente essas crianças não possuem existência oficial, não possuem registro legal e sequer fazem parte da população da cidade. Não há como procurar alguém sem nome, identidade e sem qualquer outro dado de identificação. Isso é algo que sempre me deixa atônito e estarrecido, constatar que não há qualquer preocupação dos nossos governantes com essa exclusão para, minimamente, dar condição de vida legal a essas crianças. E nem evoco a hipocrisia da Constituição ou do Estatuto da Criança e do Adolescente que prevê vida digna e proteção a todas as crianças e adolescentes do país. Não, meu desejo é menos ambicioso, seria apenas de que essa corja política que tanto em Campinas como em São Paulo e na quase da totalidade das cidades brasileiras, envolta apenas em projetos pessoais de usurpação do poder para tais fins se sensibilizasse com essa questão. Simples! Absurdamente simples. Em Campinas também se observa a degradação da presença de crianças e adultos de muletas e cadeiras de rodas em consequência do número abusivo de horas em cócoras a cachimbar as pedras de crack. Nesse ranking de horror Campinas sai vitoriosa em relação a São Paulo pela infinidade de cubículos em que essas vítimas se amontoam da maneira mais deteriorada e promíscua possível para se protegerem principalmente do policiamento. Violência que se espraia impunemente sem que se consiga estancar essa hemorragia que nos imprime a face brutal da nossa desigualdade social. Deixamos Rose e seguimos nosso caminho de desolação. Frei Agnus caminha sobre os trilhos como a se equilibrar, e rindo digo que essa era uma das minhas diversões na infância no bairro do Ipiranga, em São Paulo. E concluo dizendo que jamais poderia conceber que voltaria a andar sobre trilhos, e ainda em condições tão perversas e adversas. Aquelas crianças jamais poderão pensar nesses trilhos que não para correrem do policiamento, ou para ir em busca da droga. E se existe algo que mesmo a repetição não atenua a dor que sinto, é justamente ver crianças nesses ambientes, apesar de tudo, que ainda insistem em serem crianças. Brincam e correm, e junto com os momentos de cachimbação também possuem rompantes para viver fragmentos de meninices com seus folguedos e algazarras. Frei Agnus comenta, ao me ver tão abalado com essas imagens, que realmente sou o melhor mestre para ensinar ao seu grupo como implantar um trabalho de humanização e espiritualidade junto a eles. E diante da minha perplexidade afirma que por me abalar e ir às lágrimas mostro que não perdi minha humanidade, nem tampouco a compaixão para com essas pessoas. Essa frase me acompanha desde então. E não deixa de ser hilário, o sofrimento que experimento nessas empreitadas ser sustentáculo e referência para dirigir tais trabalhos em tantos locais desse país. É uma inversão total de tudo que preconizamos, quando afirmamos que é necessário ter distanciamento crítico para o enfrentamento de situações tão desesperadoras. Enfim, não sei, pois se é algo que mudou minha vida desde sempre foi o contato estreitado com os combalidos e desvalidos. Paz e bem!

PARÊMIA CAMPINAS É UMA CIDADE ABENÇOADA. PELO SANTO DEMÔNIO

Algo que sempre me deixa atônito em minhas andanças pelas cracolândias das mais diferentes cidades e nos mais variados cantos do país, é a maneira livre e totalmente inconsequente como o tráfico se estrutura. E ainda que encontre resistência policial severa como em Campinas, seus sustentáculos se articulam no sentido de se esgueirarem totalmente de qualquer controle. Mesmo se sabendo que esse tráfico é tão portentoso por possuir ramificações enfeixadas tanto no aparato policial, como até mesmo segundo denúncias frequentes e contínuas, no poder judiciário, não deixa de ser admirável o modo como operam sem qualquer constrangimento. Impressiona o pequeno traficante sempre com mercadoria disponível em qualquer dos cantos em que se espraiam as vítimas do crack. Em Campinas, a eficaz perseguição policial fez com que do ponto inicial no entorno da antiga rodoviária, muitos outros pontos se consolidassem como prática e venda da droga. E não deixa de ser hilário constatar que em uma cidade onde o aparto policial cumpre uma de suas mais específicas funções, a de combater o tráfico e o uso de drogas indiscriminadamente, a consequência seja o espalhamento para diversos bairros da cidade. E com o agravante que com o processo de higienização promovido na cidade de São Paulo pela calhordice governamental, muitos usuários foram para cidades próximas em busca dessa afinidade e simetria provocadas pelo crack. Os religiosos próximos ao Frei Agnus perguntam a mim como deveria ser o tratamento a ser dispensado aos traficantes. Pondero que a questão envolvendo o tráfico é muito complexa, pois os que são flagrados na maioria das vezes representam o elo mais fraco de uma cadeia imensurável. Prendem-se os que estão na rua vendendo quando, desde a produção até a comercialização, o maior número de pessoas envolvidas quase sempre está ileso de toda e qualquer pertinência de sua contravenção. E ademais o tráfico é estimulado por uma hipocrisia social que não apenas incentiva sua existência ao consumir o produto de suas vendas, como também ao criar mecanismos que o envolve em uma pecha moral que impede reflexões mais sóbrias e decisivas sobre seus tentáculos. É a famosa imagem de pessoas que são contra todas as formas de exclusão social, bem como a violência policial, mas adquirem seus cigarros de maconha do pretinho da periferia. E muitas vezes se juntam a outras vozes de grupos de defesa de direitos humanos como o Contra o Extermínio de Preto Pobre da Periferia. Campinas exibe matizes de violência que a faz líder nesse ranking de horror no Estado de São Paulo. E mesmo apresentando um policiamento severo a tentar coibir a ação dos principais frutos de suas mazelas, as vítimas da brutal exclusão social em que vivemos. As avenidas arborizadas de Campinas com suas Tipuanas, Figueiras, Quaresmeiras, Espatódias entre outras, não conseguem com a beleza de suas floradas escamotearem a degradação humana de seu submundo. E o que temos então é uma população refém de uma violência incontida e brutal. E totalmente impotente e incapaz de qualquer reação frente a esse açoite que cresce sem qualquer admoestação governamental. A configuração do desespero humano das vítimas da Cracolândia de Campinas torna muito presente uma fala de um dos personagens de Contraponto de Aldous Huxley, em que diante de dificuldades da vida simplesmente se indaga se a Terra não seria o inferno de algum outro planeta. E todos que aqui estamos de alguma maneira estaríamos a saldar nossas possíveis dívidas de vida. Enfim, não sei, aliás, cada vez sei menos sobre essas questões que envolvem a desesperança e esse desespero que se apodera de tantas pessoas de modo tão impiedoso. Campinas assim como São Paulo está sob a proteção e a égide não de sua padroeira ou santo protetor, e sim do Santo Demônio, aquele que se mostra se mostra triunfante nesses cenários. Paz e bem!

PARÊMIA OTIMISTA É O SANTO DEMÔNIO...

Um dia comum sem nada de especial até que chega a Tropa de Choque da PM para adentrar no fluxo da Cracolândia em busca de traficantes. Sua ação é intempestiva e não respeita qualquer parâmetro qualquer que seja. Lançam jato de água sobre as pessoas e avançam protegidos pelos escudos torpedeando tudo que surja à sua frente. Pessoas correm de um lado ao outro sem saber do que e quem se proteger. O tráfico precisa ser combatido com premência e sem trégua. Isso seria cômico não fosse trágico. Pessoas são jogadas ao chão pela força dos jatos de água. Correria insana e os policiais com toda sua truculência espancando quem simplesmente se atreve a se colocar em seus caminhos. Gritos, choro e um sofrimento infindável. Hotéis da região são invadidos e hospedes expulsos de suas acomodações. O tráfico preciso ser combatido a qualquer preço. Ao ouvir aquela gritaria o que primeiro me ocorre é que o inferno tão propagado não pode ser pior do que isso que estamos presenciando. Uma mulher tenta correr com um bebê em seu colo e atingida pelo jato de água cai no chão abruptamente e irrompe em choro incontido com seu filho ao colo. Tentam ajudá-la, mas os jatos igualmente atingem a todos. É o caos tornado realidade. Não é mais possível distinguir-se choro de gritos e da ameaça dos policiais. Tudo é insano como se fosse um grande pesadelo em que torcemos para acordar para que ele seja estancado. Mas a realidade não permite esse subterfúgio e ficamos todos à mercê dessa violência incontida que se espraia impunemente sobre tudo e todos. O tráfico precisa ser contido a qualquer custo esse é o mantra repetido incessantemente pelas autoridades. Exaustivas vezes repetimos que o problema da Cracolândia não é o crack e sim a brutal exclusão social de que essas pessoas são vítimas. Basta lembrar que no passado antes do surgimento do crack as crianças em situação de rua se entorpeciam com cola de sapateiro e álcool, e que com o surgimento do crack apenas houve uma mudança de paradigmas. E naturalmente o número de pessoas concentradas em torno da droga aumentou na proporção que o aumento da população. Mas o tráfico precisa ser combatido. E tudo se justifica. Choros e uma violência que não encontra parâmetros em nada que se queira invocar. Violência e choro. Violência e pessoas arrastadas a uma degradação que não se pode definir. Seus pertences são aviltados pela água que os torna simplesmente ainda mais precários. Cobertas, colchões, agasalhos, tudo molhado nesse afã incessante do combate ao tráfico. Inacreditável ver pessoas serem tratadas dessa forma por semelhantes. Incrível que isso tudo seja real. Cenas que passaríamos muito bem pela vida sem ter presenciado. A vida não ganha significado com esses espetáculos tão deprimentes. Resultado da operação: dez quilos de crack apreendidos. O leigo distante dessa realidade pode se impressionar com essa quantidade, mas isso abastece um dos pontos de consumo apenas por um período do dia. Mas as autoridades estão combatendo o tráfico. Ridículo, grotesco e estapafúrdio. Otimista é o Santo Demônio que acredita possível tornar o ser humano ainda pior...

PARÊMIA SOBRE OS PROGRAMAS DE ATENÇÃO À SAÚDE DAS VÍTIMAS DA CRACOLÂNDIA

As vítimas da Cracolândia têm sobre si programas de saúde de recuperação dos três níveis de abrangência: federal, municipal e estadual. O que mais impressiona nesse quesito é a insistência dos órgãos públicos, e da população em geral levadas pela divulgação na mídia que é necessário um trabalho de recuperação dessas pessoas para a vitória final sobre o crack. Falam em redução de danos; arvoram o programa municipal que recuperou um número razoável de pessoas que aderiram ao tratamento e outras tantas cantilenas sobre o assunto. A perversidade desses números é que se direciona apenas e tão somente para pessoas que aderiram ao tratamento, e que não significa sequer percentual mínimo diante do tanto de pessoas que se encontram em situação de rua e que se utilizam do crack ou de outras drogas. O que nunca se vê nessas discussões é o aprofundamento do real significado de tantas pessoas estarem atiradas às raias da destruição de modo tão profundo e contínuo. Evoca-se o número de pessoas que aderiram ao tratamento e que conseguiram deixar as drogas. Fala-se em redução de danos, ou seja, de que a pessoas vitimadas pelo crack passe a usar drogas mais leves, e assim ter um dano menor ao próprio organismo. As pessoas mais velhas certamente hão de lembrar que no passado as crianças em situação de rua se utilizavam de cola de sapateiro para se entorpecerem nas ruas. O que mudou foi a droga utilizada para ingestão e consequente entorpecimento. Ah, também é debitado às drogas o aumento significativo da violência nas grandes cidades. Culpa-se o tráfico, e também a simples delinquência para obtenção de dinheiro para aquisição das drogas. O que sempre fica fora das discussões por uma razão estratégica e ideológica por parte da elite econômica é a brutal exclusão social que atira tantas pessoas às raias da miserabilidade e da brutal desigualdade de nossa sociedade. Cracolândia e outros tantos pontos de pessoas em situação de rua é apenas simulacro da desigualdade e da exclusão social que atira tantas pessoas às margens da dignidade humana. Somos um país em que a taxa de juros é a maior do mundo, sendo praticamente impossível a mensuração da transferência de renda de boa parte da população brasileira aos bancos e instituições financeira. Temos um contingente de pessoas desempregadas que supera a quase totalidade das populações das grandes cidades brasileira. Temos uma elite política que age com escárnio e indiferença ao real sofrimento da população brasileira. Essa mesma corja política conclama em períodos eleitorais que irá aumentar o contingente policial para garantir mais segurança à população. Verdadeiramente o que ninguém ouve é uma proposta de atingir o cerne da questão, a brutal desigualdade social que faz com que recursos que seriam destinados à população em geral migrem apenas para uma casta privilegiada. Insistir nessa toada de tratamentos a essas vítimas sem atacarmos o cerne dessa violência social que atira tantas pessoas aos caminhos da destruição em nada resolverá esse drama tão contundente. Ouvi de um enfermeiro envolvido em um desses programas de tratamento da Cracolândia algo muito significativo. Disse ele: "esses *nóias* (referência aos usuários de crack) têm uma atenção de saúde que nós não temos. Eles têm dentista aqui de plantão para reparação dos danos provocados pelo crack; possuem médicos, enfermeiros e demais profissionais de saúde para cuidar deles. Nós não temos nada disso, se quiser médico ou dentista tenho que ter convênio. Isso não é justo". Ou seja, se destina a uma população de cerca de quatro mil pessoas cuidados de saúde que é negado à maioria da população. Mas as pessoas em situação de rua apresentam um detalhamento que precisa ser extirpado, pois escancaram de maneira drástica essa situação degradante de exclusão social. Os bairros de maior concentração dos usuários de crack são considerados malditos por exibirem a faceta mais cruel de uma sociedade decadente e que humilha impiedosamente seus cidadãos desfavorecidos e combalidos. Culpar as drogas por todas nossas mazelas, mais do que um sentido ideológico traz um conforto apaziguador às nossas consciências. Andar pelas ruas da Cracolândia, principalmente nas madrugadas, traz uma referência de que o inferno vivido por essas pessoas não tem o crack como principal causa. Ao contrário, o principal problema da Cracolândia não é o crack, e sim essa brutal exclusão social que faz com que o Santo Demônio paire soberano nessas cercanias. Paz e bem!

CONSIDERAÇÕES COMPLEMENTARES

A névoa acolchoa as montanhas à espera do Sol que irá rompê-la e trazer o céu mais azul que se pode sonhar...

(Valdemar Augusto Angerami)

Pés na areia em situação contemplativa ao mar o que temos é a visão do horizonte determinando o fim da paisagem. Mas, na realidade, o horizonte se expandirá, à medida que dele nos aproximemos. E assim, sucessivamente, para nunca terminar, ou melhor, findar em algum outro continente, para tudo novamente recomeçar. Assim também é nossa luta contra a exclusão social. Infindável! Jamais conseguimos chegar ao final, do que quer que seja, pois, a sociedade excludente em que vivemos produz, ininterruptamente situações de flagelo e de desespero incontáveis. Nunca termina e sequer consegue deter essa avalanche de destruição. Governos se alternam, políticas públicas são reconduzidas, mas o cerne da exclusão, e, por assim dizer, da desigualdade social, que ceifa tantas vidas, impunemente não é jamais tocada, nem mesmo tangencialmente. E, verdadeiramente ao nos posicionarmos em defesa dos combalidos e desvalidos estamos, antes de qualquer outra conceituação, enfrentando, de maneira aviltante, o poder constituído, em todas as suas instâncias. As pessoas em situação de rua, afirmamos isso exaustivamente, ao longo desse livro, são considerados dejetos, que precisam ser recolhidos e eliminados, de qualquer maneira. E nós, de alguma maneira, tentamos resgatar sua humanidade; fazemos com que sejam enxergados como pessoas, que embora jogadas nas sarjetas, ainda conservam em si sua condição humana. E isso é a parte mais difícil, mas igualmente a mais fascinante.

As ciências da saúde, incluindo-se aí a medicina e a psicologia, apenas tartamudeiam as primeiras palavras, na tentativa de compreensão da realidade dessas pessoas em situação de exclusão social. Totalmente alijadas de qualquer condição de dignidade e inclusão ao aparato social, que, de alguma maneira, protege os cidadãos de uma dada nacionalidade. Caminhando pelas ruas de São Paulo, Natal, João Pessoa, ou quaisquer outras capitais, sempre irão encontrar pessoas jogadas nas sarjetas, como se isso fosse algo, que fizesse parte, de modo indissolúvel, das grandes cidades. E, na realidade, infelizmente, esse cenário de degradação é parte, principalmente, das capitais brasileiras, que, de alguma maneira acolhe àqueles, que veem em busca de um futuro melhor para suas vidas e famílias. E o mais lamentável é que, se voltar a qualquer de nossas capitais, depois de alguns anos, sempre vamos encontrar um cenário de deterioração, maior do que nossa visita anterior. De tal maneira, essa degradação é percebida, que dispensa, inclusive, o uso de recursos mais pormenorizados para sua apreensão. Simplesmente irreal o que presenciamos em temos de total esgarçamento dessas vidas, atiradas à própria sorte, sem qualquer condescendência do poder público, ou de quem quer que seja.

Este livro expôs uma realidade nua e crua sobre as desigualdades sociais, e uma de suas chagas mais contundentes, o sofrimento das pessoas em situação de rua. Trabalhamos com uma postura de denúncia, de gritar, de modo indissolúvel, nosso inconformismo e inquietação por esse estado de coisas. Sabemos das dificuldades, e ainda assim, temos uma fé inquebrantável de que estamos contribuindo para uma mudança nessa situação. Também sabemos, que essas páginas não serão vãs, se conseguirem sensibilizar a uma pessoa que seja, dessa realidade; se afetar alguém em seu quietismo e levá-lo a uma atitude de inconformismo, e talvez até erguendo-se, para fazer parte dessa trincheira. Tudo é insólito. Irreal, e o que temos na verdade, é uma desigualdade cada vez maior, mais desumana, e principalmente, sem instrumentos de proteção para que sua expansão não seja, decididamente, cada vez mais letal. O crack foi mostrado como sendo apenas mais uma das tantas drogas, de alto teor, disponível às vitimas da exclusão social, que ceifa tantas pessoas, impiedosamente. Não é a destruição em si, como todo o aparato social tenta demonstrar e impor, em diversas formas midiáticas. Algo interessante, em nossas andanças por congressos, seminários e aulas acadêmicas, é a insistência das pessoas que nos assistem e acompanham sobre a dependência química e seus possíveis tratamentos. Parece ser algo muito difícil alcançar, que o crack cumpre uma função de excludência, maior que seus possíveis estragos orgânicos. Isso, verdadeiramente, é o pior, mas parece ser algo que não pode ser assumido, pois significaria refletir sobre o que significa tais exclusões sociais, que atiram tantas pessoas aos mais diferentes modos de destruição.

Uma criança jogada na lama do crack é um adolescente ou adulto a menos, a incomodar a sociedade, com comportamentos indesejáveis. Isso é o mais difícil de ser assimilado, pois verdadeiramente, é mais fácil atribuir ao crack a destruição dessas vidas. Reflexão sobre exclusão social seria admitir responsabilidades, que não são digeríveis pela maioria das pessoas. Então, na sequência lógica dos fatos, temos o crack, o álcool e outras tantas drogas colocadas à disposição dos tantos, que são excluídos, sem direito a qualquer referência social. O resto é detalhamento, que serve para embasar pesquisas acadêmicas, trabalhos publicados em resenhas e defendidos entre os doutos de saber das universidades, mas que, no entanto, estão completamente distantes da realidade das ruas. Das ruas e, propriamente, das vidas, atiradas no lamaçal do crack e outras drogas.

Não existe a presunção de acreditar, que este livro possa mudar a realidade das diversas cracolândias citadas em seu bojo. Mas a denúncia formulada em diversos capítulos, certamente servirá de reflexão, para que uma nova consciência sobre as drogas, e particularmente, sobre o crack se estabeleça. Fundamentalmente, seremos referência bibliográfica como aconteceu em obras anteriores, e isso por si, já estabelece que minimamente o que denunciamos passará a fazer parte das reflexões acadêmicas contemporâneas. A presunção maior talvez resida no fato de estabelecermos paradigmas próprios, para análise de uma realidade que tem inúmeras pesquisas de campo, e que muitas vezes apresentam resultados muito diferentes do que expusemos exaustivamente, ao longo dessas páginas. A diferença fundamental é que a maioria das pesquisas objetiva análises em questões envolvendo dependência química, efeitos da droga no organismo. Além das implicações psíquicas da dependência química. O nosso trabalho procurou ir além, mostrando que, a devassidão provocada pela droga, é na realidade, simples resultante da brutal exclusão social, que vitima tantas pessoas, impiedosamente. Sabemos que esse ponto será objeto de muita divergência, pois ao situarmos que o principal problema da Cracolândia não é o crack, estamos incrementando fatos novos às discussões sobre a presença do crack em nossa contemporaneidade. Os efeitos psíquicos decorrentes da devassidão provocada pela droga, são enfeixados em nossa análise com a questão da exclusão social, que estabelece paradigmas próprias de análise e compreensão.

Ao procurarmos o estabelecimento de efeitos e causas, que se situem além da droga em si, estamos em realidade, determinando que a compreensão dos efeitos da droga contemple também. a complexa e emaranhada cadeia de interesse, presente na comercialização das drogas. O drogadicto representa apenas um elo dessa cadeia, onde outros personagens, igualmente relevantes, desempenham protagonismo além da simples análise da drogadicção em si. De inicio, era surpreendente o tanto de ameaças que recebíamos em nossa atividade na Cracolândia. E jamais vinda dos responsáveis pelo tráfico, pois esses, a rigor, sabiam que estávamos *preservando a vida de seus clientes.* As ameaças, por mais incrível que possa parecer, sempre vieram das pessoas e autoridades, que, em princípio, estavam zelando pela vida e segurança dessas vítimas. E que, portanto, deveriam ver com bons olhos, pessoas que viessem ajudar essas pessoas. Não! Ao contrário, representamos uma ameaça real de denúncia aos modos como essas vítimas são humilhadas e desqualificadas por quem, justamente, deveria defendê-las de tal situação. Esse aspecto foi de incompreensão, de início, mas, aos poucos, fomos percebendo que, justamente nossa presença, por termos nosso foco de ação além da drogadicção em si, seria também instrumento de denúncia aos tantos desatinos cometidos contras essas vítimas do crack. Esse aspecto não deixa de ser hilário, pois, o que em princípio, seria um trabalho junto ao drogadicto, se transformou em instrumento de denúncia das condições de degradação humana, que vão muito além, da droga em si. Na realidade, esse imbricamento da ingestão de drogas com os aspectos que transcendem ao usuário em si, já foi citado por nós em publicação anterior[33]. O que surpreende em nossa alçada de Cracolândia são as diferentes junções em que a droga, praticamente, tem papel secundário em toda a destruição envolta nessa realidade. É dizer que, se imaginássemos de maneira mágica o desaparecimento total do crack, ainda assim teríamos centenas de

[33] "A psicoterapia diante da drogadicção", *op. cit.*

pessoas amontoadas, naqueles cantos tal qual ocorre em outras regiões da cidade. O crack seria substituído pelo álcool, ou qualquer outra droga, e continuaríamos a ter um sem número de pessoas vitimadas pela nossa brutal exclusão social, e que estariam assim, não apenas alijadas das condições de dignidade, como principalmente, não admoestando a sociedade que os baniu de maneira cruel e impiedosa. A ênfase dada ao crack como a droga, que chegou para destruir a sociedade, atingindo seus tentáculos em todos os segmentos sociais, parece desconsiderar que o uso de drogas é algo que acompanha a condição humana, desde os primórdios das civilizações. Desde civilizações indígenas, passando por sociedades contemporâneas, o que temos é o uso contínuo de drogas em todos os segmentos sociais. Seja álcool, tabaco, cocaína, opioides, alucinógenos, etc, a ingestão de drogas é algo que faz parte, de modo indissolúvel, da condição humana. O teor de destrutividade é algo que, igualmente acompanha esse conjunto de drogas. E algo, que parece ser deixado ao ostracismo, é o fato de que a droga que mais mata, continua sendo o tabaco, provocando mortes, duzentas vezes mais, que todas as outras drogas juntas.[34] É dizer que, ao se enfatizar a destruição provocada pelo crack, negligenciamos a letalidade das outras drogas. E até mesmo o fato de que as drogas, que mais matam, são, justamente, as legalizadas. O escopo da droga na contemporaneidade nada mais é do que, um mero sequencial de sua presença, ao longo de todo o desenvolvimento humano. Não houve período da história humana, em que a droga não estivesse presente, trazendo alívio para aqueles, que não conseguiram enfrentar os desatinos da vida de modo frontal, com tudo que é inerente a essa condição. A fragilidade da condição humana implica em uma contínua situação de enfrentamentos, aos desatinos que se sucedam em uma determinada vida. E, ao se recorrer às drogas, para o alívio desses desatinos, não apenas se busca algo alienante e totalmente pacificador da turbulência emocional, como, principalmente, uma fonte de prazer, geralmente distante da realidade contemporânea. Dentro desse prisma, é que se insere a compreensão da droga como sendo algo além da simples repressão social e policial. Ao contrario, a verdadeira apreensão dos tentáculos envolvendo a drogadicção deve se ater ao prazer e distanciamento, que ela provoca

[34] *Ibidem, op. cit.*

em seu usuário. Sem isso, sequer tartamudearemos os efeitos da droga, em sua inserção na realidade contemporânea. E continuaremos a tratar o drogadicto como sendo alguém desprezível, sem considerarmos tanto sua busca, nesse lenitivo ao desespero contemporâneo, como também, sua fragilidade diante dos desatinos, que a vida se nos apresenta.

Sentimentos que afloram nessa caminhada são ponteios de esperança, de que nossos escritos irão alterar minimamente essa lógica, tão perversa e destrutiva. E, na realidade, a questão mais drástica, é que, em uma sociedade com esse alto teor de destrutividade e toxidade, tudo se perde, antes mesmo de se estabelecer parâmetros de reflexão. Em termos de comunicação imediata, em que os assuntos se alternam de modo incessante, cada vez mais dramas, como aqueles vividos pelas vítimas da Cracolândia, são substituídos por outros tantos acontecimentos, ininterruptamente. O que existe de real, nesse momento, se perde no momento seguinte, diante de tantas situações, que sempre estão a nos desafiar de contínuo e sem qualquer intermitência. O mais hilário, nesse momento é a constatação de que, ao refletirmos e descrevermos aspectos envolvendo as diversas cracolândias do país, divergimos de modo drástico, até mesmo com aqueles que estudam as drogas em geral. Isso, pelo simples fato de que, ao se fazer a junção das drogas, com adversidades sociais, além da brutal exclusão de que esses usuários são vítimas, tiramos de foco a tradicional compreensão da drogadicção, que vê o usuário como um átomo isolado de sua inserção social.

De maneira geral, os estudos envolvendo usuários de drogas e seus familiares abordam fatos dessa teia de relações. Os conflitos familiares ganham uma exacerbação como se fosse imprescindível, responsabilizar a família por todos os desatinos do usuário. A inserção social dessa família, incluindo-se aí o próprio usuário, é como se não tivesse importância e nem mesmo justificasse qualquer outra forma de compreensão. E, quando se trata do crack, temos, então, toda uma série de aspectos que envolvem desinformação, curiosidade, mitificação, e, até mesmo, uma grande controvérsia sobre o seu verdadeiro manto de abrangência e destruição. Talvez, pelo fato de outras drogas serem bem mais antigas e contemplarem inúmeros estudos e pesquisas, as questões envolvendo o crack são, na sua grande maioria, derivadas de informações transpassadas, principalmente pela mídia. E dentro dessa mitificação, temos até a configuração de sua irreversibilidade, algo não apenas irreal, como principalmente desfigurado, se comparado com as drogas mais destrutivas da atualidade, o álcool e o tabaco. A dimensão que o crack atingiu no imaginário popular é de algo que irá destruir todo o tecido social, que minimamente se aproximar de seu poder destrutivo. E, paradoxalmente, as drogas que mais destroem e matam, e que são legalizadas, continuarão em seu percurso destrutivo, sem qualquer admoestação.

E, tal como aconteceu em publicações anteriores, seremos novamente alçados à condição de objetos de pesquisa, para que nossas afirmações sejam confirmadas, ou então refutadas. Isso é o mais importante, ou seja, a propagação de ideias lançadas sendo questionadas, refletidas e até mesmo rechaçadas. Na realidade, é algo que sempre considero interessante, na medida em que lançamos ideias que poderão servir como modelo teórico de atendimento a tantos colegas, que buscam subsídios teóricos e práticos para suas atuações profissionais.

Haverá as costumeiras homenagens acadêmicas e, junto, também, suas críticas ácidas e que transcendem o trabalho em si.[35] Mas isso é algo que sempre fez parte de nossos escritos, pois ao retratarmos a psicologia brasileira, em nossos escritos, estamos afrontando a todos que, de modo

[35] Recentemente após uma conferência na cidade de João Pessoa durante o III CONGRESSO SOBRE SAÚDE MENTAL E DEPENDÊNCIA QUÍMICA fui abordado por uma aluna da Universidade Federal de Campina Grande. Ela elogiou meu trabalho e disse que havia ficado muito feliz de ver o que demonstrava ser a psicologia brasileira. E na sequência afirmou ainda que o que presenciou foi ao encontro do que havia lido em meus livros. E também era bem diferente das críticas que uma professora dela fazia ao meu trabalho, a Profª Carmen. Tentei atenuar dizendo que críticas eram muito frequentes e que não havia como se desvencilhar dessas divergências. Ela então passou a detalhar o teor dessas críticas. Simplesmente difíceis até mesmo para serem dimensionadas de como haviam sido elaboradas. Para encerrar disse a essa aluna que não esmorecesse em seus ideais, pois sempre seríamos criticados por tratarmos da realidade brasileira. E diante de seu estado de estupefação completei, "veja que interessante essa Profª Carmen me crítica após ter lido meus trabalhos e ter discordância do que detalhei em meus escritos. Eu não sei quem é ela. Ela me estuda e me crítica. E eu não sei que é ela, sua críticas são principalmente pelo fato de abordarmos a realidade brasileira..
Enfim.." As inúmeras professoras Carmen espalhadas pelo país nada mais fazem do que expressar o inconformismo pelo fato de a realidade brasileira estar sendo descrita e detalhada sem qualquer titubeio.

geral se fundamentam em teorias transpostas de outros centros e que nada apresentam de semelhança com nossa realidade. Chegamos a lugar nenhum, apenas sabemos que o caminho apenas se iniciou.

MALDITO SEJA DEUS[36]

Ludmilla Apolinário

Para Valdemar Augusto Angerami

Você me mostrou que às vezes a vida é ingrata.
Que escolhas são importantes
quando tenho o que escolher.
Você me fez refletir sobre o que tenho
E o que ainda posso ter
Mais do que isso você se mostrou você.
Coisa linda é enxergar esperança
na escuridão...
É perceber que importante na vida
é ter alguém para nos estender a mão.

Você me deixou inquieta
Inquietou meu coração
Maldito seja Deus!
Pra quê tanta escuridão?
Não sei se palavras agradecem
Mas, expressam minha ingratidão
Ingratidão de quem reclama da vida
Mas, não vive de solidão!
Bendito seja Deus por sua vida.
Bendito seja Ele por suas escolhas
Que elas continuem dando mais um dia de vida
Para aqueles que não tiveram outra escolha...

[36] Essa poesia foi inspirada na conferência que proferi no XXIII ENCONTRO DE DASEIN ANÁLISE DE MARÍLIA, em agosto de 2015. Ludmilla Apolinária é graduanda em psicologia da Universidade de Marília.

BIBLIOGRAFIA

ANGERAMI, V. A. *A psicoterapia diante da drogadicção*. São Paulo, Cengage Learning, 2005.

ANGERAMI, V. A. *As relações de amor em psicoterapia*. Belo Horizonte: Artesã, 2017.

ANGERAMI, V. A. *Breve reflexão sobre as atitudes do profissional da saúde diante da doença e do doente*. In Psicossomática e suas interfaces. Angerami, V. A., (org.). São Paulo, Cengage Learning, 2013.

ANGERAMI, V. A. *Sobre a dor*. In Psicossomática e a psicologia da dor. Angerami, V. A., (org.). São Paulo: 2013 Cengage Learning;

ANGERAMI, V. A. *Paradoxo, angústia e psicoterapia*. In Angústia e Psicoterapia. Angerami, V. A., (org.). São Paulo, Pearson Learning, 2014.

ANGERAMI, V. A. *Sobre a espiritualidade*. In Psicologia & Religião, Angerami. V. A., São Paulo, Cengage Learning, 2008.

ANGERAMI, V. A. *Suicídio. Fragmentos de Psicoterapia Existencial*. Belo Horizonte: Artesã, 2017.

ANGERAMI, V. A. *O corpo câncer*. In O câncer diante da psicologia. Uma visão interdisciplinar. São Paulo, Pearson Learning, 2016.

ERTHAL, T. C.; VERÍSSIMO, L. J. *Sobre o amor, a paixão, o olhar e as relações humanas*. Curitiba, Editora Apris, 2015.

KALINA, E.; KOVLADOFF, S. *As cerimônias da destruição*, Rio de Janeiro, Livraria Francisco Alves, 1983.

MEDEIROS, K. T. *et al*. *As drogas no universo feminino: do preconceito à vulnerabilidade*. In Pesquisa, prevenção às drogas – desafios no mundo contemporâneo. Medeiros, K. T.; Maciel, S. C., e outra (Orgs.) João Pessoa, Editora da UFPB, 2014.

MEDEIROS, K. *Vivências e representações sobre o crack: um estudo com mulheres usuárias*. In Psico-UFS, Bragança Paulista, 2015;

MERLEAU-PONTY, M. *Fenomenologia da percepção*. São Paulo, Editora Martins Fontes, 1999.

SISSI, G. *O prazer e o mal*. Filosofia da droga. Rio de Janeiro, Editora Civilização Brasileira, 1999.

SARTRE, J. P. *O existencialismo é um humanismo*. Lisboa, Editorial Presença, 1972.

Este livro foi composto com tipografia Bembo
e impresso em papel Offset 90g. na Gráfica Del Rey.